David Seamands

Heilung der Gefühle

„... so werdet ihr recht frei"

FRANCKE
Verlag der Francke-Buchhandlung GmbH

Die Deutsche Bibliothek – CIP-Einheitsaufnahme

Seamands, David:
Heilung der Gefühle : „... so werdet ihr recht frei" /
David Seamands. [Dt. von Bernhard von Schwerin]. –
Neu bearb. Aufl.. – Marburg an der Lahn : Francke, 2002
(Francke-Ratgeber)
Einheitssacht.: Healing for damaged emotions <dt.>
ISBN 3-86122-569-7

Neu bearbeitete Auflage 2002
Alle Rechte vorbehalten
Originaltitel: Healing for damaged emotions
© 1981 by SP Publications, Inc., Wheaton, USA
© der deutschsprachigen Ausgabe
1986/2002 by Verlag der Francke-Buchhandlung GmbH
35037 Marburg an der Lahn
Deutsch von Bernhard von Schwerin
Umschlaggestaltung: Henri Oetjen, DesignStudio Lemgo
Satz: Verlag der Francke-Buchhandlung GmbH
Druck: St.-Johannis-Druckerei, Lahr

Ratgeber-Taschenbuch

Inhaltsverzeichnis

Vorwort

Als ich junger Pfarrer war, entdeckte ich, dass es mir in der Seelsorge bei zwei Gruppen von Menschen nicht gelang, ihnen zu helfen. Ihre Probleme ließen sich weder durch die Predigt des Wortes, die Hingabe an Christus, noch durch Gebet oder die Teilnahme am Abendmahl lösen.

Ich beobachtete, wie sich die einen in die Ausweglosigkeit treiben ließen und das Vertrauen in Gottes Allmacht verloren. Sie beteten zwar inbrünstig, sie versuchten, sich an alle erdenklichen Glaubensregeln zu halten, aber das half ihnen nichts. Immer wenn sie die alte, angeknackste Schallplatte mit ihren Niederlagen abspielten, blieb die Nadel stets bei der gleichen Stimmungslage hängen. Während sie äußerlich noch am Beten, am Opfern für das Reich Gottes und am Zeugnis für den Herrn festhielten, gerieten sie innerlich immer tiefer in Enttäuschung und Verzweiflung.

Ich beobachtete weiter, wie die anderen immer mehr in die Unaufrichtigkeit getrieben wurden. Diese Menschen unterdrückten ihre eigentlichen Gefühle und stritten schlichtweg ab, dass bei ihnen etwas nicht stimmte, weil „Gläubige keine solche Schwierigkeiten haben dürfen". Anstatt sich ihren Schwierigkeiten zu stellen, übertünchten sie sie mit Bibelzitaten, theologischen Begriffen und wirklichkeitsfernen Gemeinplätzen ...

Die verdrängten Schwierigkeiten verzogen sich ins Unterbewusstsein, um dann später in Krankheiten, gestörten Verhaltensweisen, in schrecklich unglücklichen Ehen und manchmal sogar im gestörten Gefühlsleben ihrer Kinder wieder aufzutauchen.

Während ich dies entdeckte, zeigte mir Gott, dass es bei manchen Schwierigkeiten mit einer normalen Seelsorge nicht getan ist. Ich öffnete ihm ganz neu mein Herz, fand dabei zugleich zu mir selbst und erlebte die Tiefen einer heilenden Liebe in meiner Ehe, bei meinen Kindern und in meinem engsten Freundeskreis.

Dann führte Gott mich so, dass sich meine seelsorgerliche Arbeit ausweitete – vor allem bei Menschen mit einem angeschlagenen Gefühlsleben und einer nicht geheilten Erinnerungsfähigkeit.

In den zwanzig Jahren, in denen ich über dieses Thema gepredigt, gelehrt und Seelsorge geübt habe, habe ich von vielen ehemals bedrückten Gläubigen erfahren, dass sie von ihren seelischen Verklemmungen frei geworden sind und Heilung von ihren niederschmetternden Erinnerungen an die Vergangenheit gefunden haben.

In diesem Buch begegnen uns einige von diesen Menschen. Wir hören von ihren persönlichen Einstellungen und von Gefühlen, die uns oder anderen bekannt vorkommen werden.

Alle Menschen, die in diesem Buch erwähnt werden, sind am Leben; ich habe ihre Zustimmung zur Niederschrift ihrer Lebensgeschichte; Namen und Orte wurden geändert. Übereinstimmung mit Ihrem eigenen Leben mag Ihnen rein zufällig erscheinen, die meisten von uns haben jedoch die gleichen Nöte und das gleiche Verlangen.

Ich bete darum, dass dieses Buch uns hilft zu erkennen, wie Gott ein angeschlagenes Gefühlsleben in Ordnung bringt, wie er aus verklemmten Menschen gesunde Persönlichkeiten werden lässt, die wiederum anderen helfen können.

David Seamands

1. Ein angeschlagenes Gefühlsleben

„Er hat unsere Schwachheiten auf sich genommen."
(Matthäus 8,17)

„Desgleichen auch der Geist hilft unserer Schwachheit auf, denn wir wissen nicht, was wir beten sollen, wie sich's gebührt, sondern der Geist selbst vertritt uns ... nach dem, was Gott gefällt."
(Römer 8,26-27)

Das Problem

Meine langjährige Tätigkeit als Verkündiger und Seelsorger hat mich zu der Erkenntnis gebracht, dass es Probleme gibt, die eine ganz besonders tief reichende Ebene der Heilung durch Gott brauchen. Irgendwo zwischen unseren Sünden einerseits und unseren Krankheiten andererseits liegt ein Bereich, den die Schrift mit „Schwachheiten" bezeichnet. Ich möchte das anhand eines Beispiels aus der Natur veranschaulichen: Betrachten wir einmal einen Baum im Querschnitt mit seinen Jahresringen. Botaniker weisen darauf hin, dass diese Ringe etwas über die Entwicklungsgeschichte der Bäume aussagen können, und das Jahr für Jahr. Da ist zum Beispiel ein Ring, der ein Jahr kennzeichnet, in dem eine schreckliche Dürre geherrscht hat. Es gibt eine Anzahl von Ringen aus Jahren, in denen es zu viel geregnet hat. Hier hat einmal ein Blitz in den Baum geschlagen. Und dann sind da einige Jahre, in denen der Baum ganz normal gewachsen ist. Ein anderer Ring weist auf einen Waldbrand hin, der den Baum fast zerstört hat. Wieder ein anderer weist hin auf zerstörerische Fäule und Krankheit. Das alles liegt im Herzen des Baumes eingebettet und gibt uns eine Selbstdarstellung seines Wachstums.

So ist das auch bei uns. Nur wenig unter der schützenden Rinde, unter der bergenden und schützenden Maske, liegen die Ringe, die unsere Lebensgeschichte anzeigen.

Es sind Narben von alten, schmerzlichen Wunden, wie sie zum Beispiel dem kleinen Jungen geschlagen wurden, der am Nikolaustag die Treppe hinunterrannte und in seinem Schuh einen schmutzigen alten Stein fand, den ihm jemand hineingesteckt hatte, um ihn für eine unbedeutende Ungezogenheit zu bestrafen, die er in jugendlicher Unbesonnenheit begangen hatte. Diese Wunde hat sich dann in ihn hineingefressen und alle möglichen zwischenmenschlichen Schwierigkeiten bewirkt.

Dort verfärbt sich ein tragischer Fleck, der das ganze Leben besudelt, wo vor Jahren einmal ein großer Bruder die kleine Schwester hinter die Scheune oder in den Wald mitnahm und sie unnatürlich in die Geheimnisse des Geschlechtslebens einweihte.

Und dort sehen wir noch den Druck einer schmerzlichen, unterdrückten Erinnerung, wie einer seinem betrunkenen Vater nachgelaufen ist, der drauf und dran war, die Mutter umzubringen. Solche Narben haben sich so tief eingegraben, dass sie zu unerklärlichen Schmerz- und Wutausbrüchen führen können.

In den Ringen unserer Gedankenwelt und unseres Gefühlslebens sind alle diese Erfahrungen verzeichnet. Die Erinnerungen sind aufgezeichnet, und sie sind alle lebendig. Sie bestimmen unmittelbar und tief unsere Vorstellungswelt, unsere Gefühlswelt und unsere Beziehungen zur Umwelt. Sie bestimmen die Art, wie wir das Leben und Gott, andere und uns selbst ansehen.

Prediger und Seelsorger legen oft den Menschen den falschen Gedanken nahe, dass uns die Bekehrung und Wiedergeburt automatisch in die Lage versetzen, mit diesen seelischen Verklemmungen fertig zu werden. Aber das stimmt eben nicht. Eine Begegnung mit Jesus Christus, die in einer ganz entscheidenden Stunde unseres Lebens stattgefunden hat, ist kein Abkürzungsweg zu einem gesunden Gefühlsleben, so wichtig und für die Ewigkeit wertvoll sie auch ist. Sie ist kein Schnellheilverfahren für Schwierigkeiten der Lebensbewältigung.

Es ist wichtig, dass wir das vor allem verstehen lernen, so mit uns ganz barmherzig werden und es dem lebendigen Herrn gestatten, durch seinen Heiligen Geist heilend in unser verwundetes und verworrenes Leben einzugreifen. Wir müssen das auch deshalb verstehen lernen, um andere Menschen nicht zu hart zu richten, sondern um für ihr verwirrendes und widersprüchliches Verhalten Geduld aufzubringen. Wenn wir das tun, werden wir davor bewahrt, unsere Mitchristen ungerecht zu kritisieren und zu verurteilen. Es sind keine Schwindler, keine Schauspieler, keine Heuchler. Es sind Menschen wie du und ich, mit Wunden und Narben und falschen Lebenserwartungen, die ihr Verhalten mitbestimmen.

Wenn wir begriffen haben, dass die Aneignung des Heils uns keine sofortige Heilung unserer Gefühlswelt bringt, dann haben wir eine wichtige Erkenntnis von der Heiligung erlangt. Man kann unmöglich erkennen, wie christlich jemand ist, wenn man nur von seinem äußeren Verhalten ausgeht.

Aber sollen wir die Christen nicht an ihren Früchten erkennen? (Matth. 7,16). Ja, aber wir müssen sie auch von ihren Wurzeln her verstehen lernen und dürfen sie nicht richten. Es mag sein, dass uns Hans geistlicher und in seinem Glaubensleben verantwortungsbewusster vorkommt als Willi. Aber wenn wir die Wurzeln und den guten Boden in Betracht ziehen, aus denen Hans hervorgewachsen ist, ist Willi im Vergleich dazu eigentlich ein Heiliger und hat wahrscheinlich in der eigentlichen Umgestaltung in das Ebenbild Jesu Christi viel größere Fortschritte gemacht. Wie falsch und für einen Christen unwürdig ist es, die Menschen rein oberflächlich zu beurteilen.

Manche mögen hier vielleicht einwenden: „Das ist gefährlich! Sie setzen die Maßstäbe herab! Leugnen Sie die Kraft des Heiligen Geistes, der doch mit unseren Verklemmungen fertig werden kann? Wollen Sie uns unser Verantwortungsgefühl nehmen, so dass wir dem Leben, unseren Erbanlagen, unseren Eltern, unseren Lehrern, unseren Ehegatten usw. die Schuld für unsere Niederlagen und für unser Versagen in die Schuhe schieben können?

Um mit Paulus zu sprechen: ‚Sollen wir in der Sünde beharren, damit die Gnade umso mächtiger wird?‘ (Röm. 6,1)."

Ich würde antworten wie Paulus: „Das sei ferne!"

Was ich sagen will, ist, dass bestimmte Bereiche unseres Lebens einer besonderen Heilung durch den Heiligen Geist bedürfen. Weil sich diese Bereiche nicht dem normalen Gebet, der Zucht und der Willenskraft unterordnen, brauchen wir ein neues Verständnis, ein Umlernen über das, was in der Vergangenheit falsch gelaufen ist, und ein Neulernen sowie

eine neue Eingewöhnung in das, was durch das Neu-
werden unseres Sinnes anders geworden ist. Das aber
geschieht nicht über Nacht durch ein einziges ein-
schneidendes Erlebnis.

Zwei Extreme

Wenn wir das verstehen, werden wir vor zwei Extre-
men bewahrt bleiben. Manche Christen betrachten
alle nur erdenklichen Dinge als vom Teufel kommend.
Ich möchte hier einmal ein freundliches, aber deutli-
ches Wort an junge oder noch nicht gefestigte Christen richten. In allen Jahrhunderten ist die Kirche stets
sehr vorsichtig gewesen, von jemand zu behaupten,
er sei besessen. Es gibt tatsächlich Besessenheit. In
den vielen Jahren meiner seelsorgerlichen Tätigkeit
habe ich mich in seltenen Fällen dazu geführt gesehen, in der Kraft des Namens Jesu das auszutreiben,
was ich für einen bösen Geist hielt, und ich habe
dabei Befreiung und Heilung erlebt.

Aber nur vollmächtige, gereifte, mit dem Geist Gottes erfüllte Gläubige, die ein Gebetsleben führen,
sollten sich an so etwas wie eine Teufelsaustreibung
wagen. Ich verbringe viel Zeit in meinem Sprech-
zimmer damit, die Scherbenhaufen bei Menschen
zusammenzukehren, die total verunsichert und innerlich leer geworden sind, weil ungefestigte Christen versucht haben, eingebildete böse Geister aus
ihnen auszutreiben.

Das andere Extrem ist ein überaus vereinfachtes Verfahren, mit Schlagworten vorzugehen: „Lies die Bibel! Bete! Glaube mehr! Wenn du innerlich in Ordnung wärst, gäbe es bei dir keine solchen Verklem-

mungen. Du würdest nie ein seelisches Tief durchleben. Du hättest keine sexuellen Zwänge oder Probleme."

Wer so meint, Seelsorge üben zu müssen, ist sehr grausam. Er häuft nur weitere Lasten auf Menschen, die genug Schmerzen haben und sich verzweifelt ohne Erfolg bemühen, mit einem Problem fertig zu werden, das seine Wurzeln in ihrer Gefühlswelt hat. Wenn man sie nun noch mehr belastet, weil sie überhaupt ein solches Problem haben, verdoppelt man nur noch das Gewicht ihrer Schuld und ihrer Verzweiflung.

Allzu oft behandeln wir Menschen, die an seelischen Problemen leiden, mit billigen und ungeistlichen Schlagworten. Unsere Antworten sind schablonenhaft und übereinfach, und das treibt sie in noch tiefere Verzweiflung und Enttäuschung.

Die Tatsachen

Wie sieht ein solch gestörtes Gefühlsleben eigentlich aus? Eine weit verbreitete Störung ist ein tiefes Gefühl seiner Unwürdigkeit, ein dauerndes Gefühl der Angst, des Zu-kurz-Kommens, der Minderwertigkeit: „Ich tauge ja doch nichts. Mir gelingt nie etwas. Niemand kann mich noch gern haben. Ich mache doch alles falsch."

Was geschieht nun, wenn ein solcher Mensch Christ wird? Er glaubt zwar an Gottes Liebe, nimmt Gottes Vergebung an und fühlt eine Zeit lang inneren Frieden. Doch dann revoltiert plötzlich alles in ihm und schreit heraus: „Glaube nicht daran! Beten hat doch keinen Zweck! Es hört mich doch keiner. Keiner nimmt mir meine Angst ab. Wie kann Gott mich lieben und einem Menschen wie mir vergeben? Ich bin zu schlecht!" Was ist geschehen? Die frohe Botschaft des Evangeliums ist nicht bis in das angeschlagene innere Wesen vorgedrungen, dem sie doch auch gilt. Die tiefen inneren Narben müssen angerührt und von der Salbe in Gilead geheilt werden.

Es gibt noch eine andere Art von Störung, die ich, weil mir kein besserer Ausdruck einfällt, den Perfektionskomplex nennen möchte. Es handelt sich dabei um eine innere Stimme, die sagt: „Ich mache doch nie alles ganz richtig. Ich mache nichts gut genug. Ich kann weder mich, noch andere, noch Gott zufrieden stellen." Diese Menschen strengen sich an, fühlen sich dauernd schuldig, werden stets von einem „müsste eigentlich" oder „sollte eigentlich" umhergetrieben. Das sollte ich eigentlich schaffen können. Das müsste ich eigentlich leisten können. Ich muss mich noch mehr anstrengen. Sie klettern immer empor, aber sie kommen nie an.

Was geschieht, wenn ein solcher Mensch zum Glauben kommt? Er überträgt sein Vollkommenheitsstreben auf sein Verhältnis zu Gott, der ihm wie eine mächtige Gestalt oben auf einer hohen Leiter vorkommt. Er sagt sich: „Ich steige jetzt zu Gott hinauf. Ich möchte ihn zufrieden stellen, und das vor allem anderen." Also beginnt er Sprosse um Sprosse zu erklettern und strengt sich dabei so schwer an, bis seine Knöchel bluten und seine Schienbeine wund sind. Endlich ist er oben angekommen, nur um zu entdecken, dass sein Gott drei Stufen höher gestiegen ist: Deshalb krempelt er die Ärmel erneut hoch und beschließt, sich noch mehr anzustrengen. Er klettert und müht sich, aber wenn er oben angekommen ist, ist sein Gott schon wieder Stufen höher von ihm entfernt.

Ein bekannter Gott-ist-tot-Theologe wurde einmal von einem Reporter gefragt: „Was verstehen Sie unter Gott?" Antwort: „Für mich ist Gott die innere Stimme, die immer sagt: Das reicht nicht aus."

Über Gott hat er damit nicht viel ausgesagt, aber viel über seine eigene angeschlagene Persönlichkeit. Und ich vermute, dass solche kranken Menschen kranke Theologien Zuwege bringen. Wie bringt doch der Perfektionskomplex das Glaubensleben so vieler Menschen zum Erliegen! Und wie viele hält er überhaupt vom Reich Gottes fern!

Dann gibt es noch eine Art von angeschlagenem Gefühlsleben, die wir Überempfindlichkeit nennen können. Ein überempfindlicher Mensch ist normalerweise zutiefst verwundet. Er sehnt sich nach Liebe, nach Zustimmung und nach Zuneigung, aber stattdessen empfängt er das Gegenteil und trägt tiefe Narben davon mit sich herum. Manchmal sieht er Dinge, die andere nicht sehen, und er neigt dazu, Empfindungen zu fühlen, die andere nicht fühlen. Überempfindliche brauchen viel Anerkennung. Man kann ihnen nie genug davon zollen. Und manchmal erscheinen sie ganz gefühllos. Sie sind so tief getroffen, dass sie, anstatt empfindsam zu reagieren, hart und bockig werden. Sie wollen ausgleichende Gerechtigkeit walten lassen und verletzen andere. So bringen sie ihr Leben damit zu, ohne es überhaupt zu bemerken, andere herumzuschubsen, zu verwunden und zu tyrannisieren. Sie benutzen ihr Geld, ihre Macht, ihre Stellung, den Sex oder sogar ihre Predigten dazu, anderen wehzutun. Und das alles hat tief gehenden Einfluss auf ihr Glaubensleben.

Schließlich gibt es Menschen, die voller Furcht sind. Oft ist die allergrößte Furcht die vor dem eigenen

Versagen. Diese angeschlagenen Leute haben furchtbare Angst davor, im Spiel des Lebens den Kürzeren zu ziehen, und lassen sich deshalb gar nicht erst auf dieses Spiel ein. Man begnügt sich damit, an der Seitenlinie zu sitzen und zu sagen: „Die Regeln gefallen mir nicht" oder „Ich halte nichts von dem Schiedsrichter" oder „Der Ball ist nicht rund" oder „Die Tore stehen nicht richtig." Ich erinnere mich, wie ich vor einigen Jahren mit einem Gebrauchtwagenhändler sprach. Vor dem Ausstellungsraum sahen wir einen Mann, der gegen die Autoreifen trat und gegen die Kotflügel stieß. Der Händler sagte empört: „Schauen Sie sich den Kerl da draußen einmal an! Er ist ein Reifentreter. Solche Leute ruinieren unsere Existenz. Sie kommen dauernd herein, aber niemals kaufen sie ein Auto, weil nach ihrer Meinung die Räder eine Unwucht haben, der Motor klopft oder die Kotflügel Rost angesetzt haben! Er kann sich nie entschließen und findet daher stets eine Ausrede."

Das Leben ist voll von Reifentretern, von Menschen, die sich vor ihrem eigenen Versagen fürchten, die Angst davor haben, eine falsche Entscheidung zu treffen. Was geschieht, wenn solche Leute vor der engen Pforte der Jesusnachfolge stehen? Der Glaube ist für sie ein zu großes Risiko, er ist zu schwer. Entscheidungen machen ihnen das Leben zur Hölle. Ein Leben mit Gott zu führen bedeutet für sie fast ein Trauma. Sich in Zucht zu nehmen fällt ihnen schwer. Sie werden getrieben von dem „wenn nur". Wenn nur dies oder das so oder so wäre, wäre alles in Ordnung. Aber weil dieses „wenn nur" nie eintritt, bringen sie das nie zustande, was sie möchten. Die Furchtsamen sind die Niedergeschlagenen und die Unentschlossenen.

Der ganze Bereich des Geschlechtslebens ist mit all dem eng verwoben, aber es muss ein besonderes Wort darüber gesagt werden. Als der Apostel Paulus den ersten Korintherbrief schrieb, setzte er sich mit vielen menschlichen Problemen auseinander. Er schrieb von Streitigkeiten, Parteispaltungen, Gerichtsverhandlungen, Vermögenszwistigkeiten und von mancherlei geschlechtlichen Verirrungen, von der Blutschande bis zur Hurerei. Er sprach über voreheliche Beziehungen, über eheliche Beziehungen und über nacheheliches Verhalten. Er sprach über Witwenschaft, Ehescheidung und darüber, dass sich Leute beim Abendmahl betranken. Er sprach über das Zungenreden, über Tod und Begräbnis, über das Einsammeln von Kollekten und über das Abhalten von Wahlen in der Gemeinde. Aber er begann seinen Brief damit, dass er nichts unter ihnen wissen wolle als „allein Jesus Christus, den Gekreuzigten" (1. Kor. 2, 2). Das heißt, dass das Evangelium eine ganz praktische Angelegenheit ist und dass es mitten in unser Leben hineinspricht.

Ein großer Teil dieses Paulusbriefes beschäftigt sich mit sexuellen Problemen. Weil wir uns an Zuchtlosigkeit, Unanständigkeit und Lüsternheit gewöhnt haben, leben wir wie in einem modernen Korinth. In unserer Gesellschaft ist es für uns alle sehr schwer heranzuwachsen, ohne auf sexuellem Gebiet Schaden genommen zu haben. Ich denke an viele Menschen, die sich diesbezüglich Hilfe suchend an mich gewandt haben. Ich denke an eine junge Frau, die mir von ihrem Vater erzählte, der sie nicht wie seine Tochter, sondern wie seine Frau behandelt hatte. Ich denke an Dutzende von jungen Männern und Frauen, die von wohlmeinenden, aber unwissenden Eltern und

Lehrern mit falschen und schädlichen Gedanken voll-
gepfropft wurden. Jetzt sind sie unfähig, ein glückliches Eheleben zu führen. Und ich erinnere mich an
Männer und Frauen, die mit Problemen der Homo-
sexualität kämpften, obwohl sie Christen waren.

Hat das Evangelium eine Botschaft für diese auf so
mannigfache Weise geschädigten Menschen? Wenn
sie dadurch nicht geheilt werden könnten, sollten wir
ein Vorhängeschloss an unsere Kirchentüren hängen
und aufhören, von einer „frohen Botschaft" zu reden.

Von Gott zurechtgebracht

Kann Gott uns zurechtbringen? Ja, er kann es!

Paulus schrieb an die Christen in Rom, dass der
Geist unseren Schwachheiten aufhilft (Röm. 8,26).
Man kann das Wort „aufhelfen" auch im medizini-
schen Sinn verwenden, so wie eine Krankenschwes-
ter einem Kranken „aufhilft".

Es heißt nicht einfach „mit der anderen Seite Verbindung bekommen", wie man wörtlich übersetzen
müsste, sondern es bedeutet, dass der Heilige Geist
unser Partner und Helfer wird, der mit uns in wech-
selseitigem Einvernehmen zusammenarbeitet, damit
wir heil werden.

Was können wir nun tun, damit unser geschädigtes Gemüt wieder in Ordnung kommt? Der Heilige
Geist ist ja der göttliche Seelsorger, der göttliche Psy-
chiater, der unser Problem „am anderen Ende" auf-
greift. Aber wir sind nun einmal „an diesem Ende".
Was haben wir in diesem Heilungsprozess zu tun?

Das aufzuzeigen ist die Absicht dieses Buches, und

wir werden beim Weiterlesen viele Hinweise finden. Zunächst möchte ich erst einmal die allgemeinen Grundsätze darlegen, die wir zu befolgen haben, wenn wir Heilung für unser angeschlagenes Gefühlsleben finden wollen.

1. Sehen Sie den Problemen offen ins Gesicht. Mit rückhaltloser Ehrlichkeit stellen Sie sich unter der Gnade Gottes der schrecklichen, verborgenen Kindheitserinnerung, wie tief ihre Gefühle auch sitzen mögen. Werden Sie vor sich selbst ganz ehrlich und sprechen Sie Ihr Problem auch vor einem anderen Menschen aus, dem Sie vertrauen können. Manche Schwierigkeiten lassen sich erst dann lösen, wenn man sie vor anderen bekennt. „Bekenne einer dem anderen seine Sünden und betet füreinander, damit ihr geheilt werdet" (Jak. 5,16 in wörtl. Übersetzung). Manchen fehlt die tiefe Heilung, weil sie nicht den Mut haben, sich einem anderen Menschen zutiefst anzuvertrauen.

2. Werden Sie sich Ihrer persönlichen Verantwortung in dieser Angelegenheit bewusst! Sie mögen einwenden, dass doch an Ihnen gesündigt worden ist. Ich war doch das Opfer. Es ahnt doch keiner, was mir passiert ist!

Das mag stimmen. Aber wie haben Sie sich dann verhalten? Wie steht es damit, dass Sie es gelernt haben zu hassen, Abneigungen zu empfinden oder in eine Scheinwelt zu entfliehen?

Vielleicht sagen Sie: „Mir hat niemals jemand etwas über geschlechtliche Probleme erzählt. Ich bin unschuldig und unwissend in diese böse Welt hineingekommen und in Schwierigkeiten geraten." So war es beim ersten Mal. Aber wie war es beim zweiten und beim dritten Mal – wer hatte da die Schuld?

Das Leben ist wie ein kompliziertes Teppichgewebe, das mit Webstuhl und Weberschiff hergestellt wurde. Vererbung, Umwelt, alle Kindheitserlebnisse mit Eltern, Spielkameraden, alle Hemmnisse des Lebens – das steht alles auf der einen Seite des Webstuhls, und all das schiebt uns das Weberschiffchen zu. Wir sollen uns aber daran erinnern, dass wir das Weberschiffchen durch den Webstuhl zurückreichen. Diese Handlungen und die Antworten, die wir darauf geben, weben das Muster in dem Teppich unseres Lebens. Wir sind für unsere Handlungen verantwortlich. Wir werden erst dann Heilung für unsere beschädigte Gefühlswelt erlangen, wenn wir aufhören, anderen die Schuld in die Schuhe zu schieben, und wenn wir unsere Verantwortung erkennen.

3. Fragen Sie sich ernstlich, ob Sie überhaupt geheilt werden wollen. Danach fragte Jesus den Kranken, der 30 Jahre darniedergelegen hatte (Joh. 5,6). Möchten Sie wirklich geheilt werden, oder wollen Sie bloß über Ihre Probleme reden? Wollen Sie dadurch nur bei anderen Mitleid erregen? Möchten Sie Ihr Problem als Krücke behalten, nur um damit herumhumpeln zu können?

Der Lahme sagte zu Jesu: „Herr, niemand bringt mich ins Wasser. Ich versuche es zwar, aber alle anderen steigen vor mir hinein."

Wir leben in einer Zeit, die manche die „Anschmierzeit" nennen, in der nämlich jeder dem anderen die Schuld in die Schuhe schieben möchte, anstatt sich seiner eigenen Verantwortung zu stellen. Möchte ich wirklich geheilt werden? Bin ich bereit, meine Verantwortung hierfür auf mich zu nehmen?

4. Vergeben Sie denen, die mit Ihrem Problem etwas zu tun haben. Sich seiner Verantwortung bewusst zu werden und Vergebungsbereitschaft zu zeigen, sind zwei Seiten derselben Münze. Der Grund dafür, dass manche Menschen nie vergeben können, ist der, dass, wenn sie Vergebung übten, ihnen auch der letzte Teppich unter den Füßen weggezogen würde und sie dann keinen mehr hätten, dem sie die Schuld in die Schuhe schieben könnten. Sich seiner Verantwortung bewusst zu werden und Vergebung zu üben gehören zusammen. In manchen Fällen muss man beides gleichzeitig tun.

5. *Vergeben Sie sich selbst.* Es gibt viele Christen, die sagen: „Ich weiß, Gott hat mir vergeben, aber ich kann mir selbst niemals vergeben." Das ist ein Widerspruch in sich. Wie können Sie wirklich glauben, dass Gott Ihnen vergeben hat, und sich dann selbst nicht vergeben? Wenn Gott vergibt, versenkt er Ihre Sünden ins Meer seiner Vergebung und seines Vergessen-Könnens. Wie Corrie ten Boom es gesagt hat: „Dann stellt er ein Schild am Ufer auf, auf dem steht: ‚Fischen verboten'." Sie haben kein Recht dazu, irgend etwas auszubaggern, das Gott vergeben und vergessen hat. Er hat es hinter seinen Rücken geworfen. Auf Grund eines unerforschlichen Geheimnisses hat die göttliche Allwissenheit Ihre vergebenen Sünden vergessen. Deshalb *dürfen* Sie sich selbst vergeben.

6. *Bitten Sie den Heiligen Geist, dass er Ihnen zeigt, wo Ihr eigentliches Problem liegt und wie Sie beten sollen.* Paulus sagt, dass wir oft nicht wissen, was wir beten sollen, wie es sich gebührt (Röm. 8,26). Aber der Heilige Geist betet in und durch uns und tritt für uns ein. Manchmal bedient sich der Heilige Geist eines menschlichen Seelsorgers, der uns helfen kann, wahrzunehmen, wo das Problem eigentlich liegt.

Manchmal gelingt es dem Heiligen Geist, dies durch Gottes Wort zu tun oder durch ein Ereignis in unserem Leben, das uns plötzlich unser eigentliches Problem gewahr werden lässt. Es ist wichtig, dass wir das eigentliche Problem erkennen und wissen, wie wir beten sollen. Jakobus erinnert uns daran, dass wir manchmal nicht empfangen, weil wir für die falschen Dinge beten (Jak. 4,3). Es kann für uns von Wichtigkeit sein, dass uns ein Seelsorger oder ein Freund zu Hilfe kommt.

Kennen Sie die Geschichte von Henry Ford und Charlie Steinmetz? Steinmetz war ein Zwerg von Gestalt, hässlich und missgebildet, aber er war ein großes Genie auf dem Gebiet der Elektrizität. Steinmetz baute die großen Generatoren für Henry Ford in seiner ersten Fabrik in Dearborn, Michigan. Eines Tages stand die Fabrik still. Die Mechaniker konnten die Generatoren nicht wieder zum Laufen bringen. Dann rief Ford Steinmetz. Der hantierte nur ein paar Stunden lang herum und drehte dann den Schalter an, der die große Fordfabrik wieder zum Laufen brachte. Einige Tage später erhielt Henry Ford von Steinmetz eine Rechnung über 10 000 Dollar. Obwohl Ford sehr reich war, reichte er die Rechnung zurück mit der Bemerkung: „Charlie, ist diese Rechnung nicht zu hoch, weil du nur ein paar Stunden an diesen Motoren herumgefummelt hast?" Steinmetz reichte eine neue Rechnung ein, auf der stand: „Für Herumfummeln an den Motoren: 10 Dollar. Für das Wissen, wo herumgefummelt werden muss: 9 990 Dollar –, zusammen 10 000 Dollar." Henry Ford bezahlte die Rechnung.

Der Heilige Geist weiß, wo er herumbasteln muss. Wir wissen nicht, worum wir bitten sollen. Wir emp-

fangen oft nicht, weil wir um die falschen Dinge bitten. Bitten Sie den Heiligen Geist, dass er Ihnen zeigt,
was Sie über sich selbst wissen müssen, und dann
beten Sie darum, er möge Sie in Ihren Gebeten lei-
ten.

2. Schuld, Gnade und das Eintreiben von Schulden

*„Darum ist das Himmelreich gleich einem König, der
mit seinen Knechten rechnen wollte. Da kam ihm
einer vor, der ihm zehntausend Pfund schuldig war.
Da er's nun nicht hatte zu bezahlen, hieß der Herr ihn
verkaufen ... Da fiel der Knecht nieder und betete ihn
an und sagte: ‚Herr, habe Geduld mit mir, ich will
dir's alles bezahlen.‘ Da jammerte den Herrn des
Knechts, und er ließ ihn los, und die Schuld erließ er
ihm auch. Da ging derselbe Knecht hinaus und fand
einen seiner Mitknechte, der war ihm hundert Gro-
schen schuldig, und ergriff ihn und würgte ihn und
sprach: ‚Bezahle mir, was du mir schuldig bist!‘ ... und
warf ihn ins Gefängnis, bis er bezahlte, was er schuldig war ... Da wurde sein Herr zornig und überant-
wortete ihn den Peinigern, bis dass er bezahlte alles,
was er ihm schuldig war. Also wird euch mein himmlischer Vater auch tun, so ihr nicht vergebet von eurem
Herzen ein jeglicher seinem Bruder seine Fehler.“*
(Matthäus 18,23-35)

*„Vergib uns unsere Schuld, wie wir vergeben unseren
Schuldigern“.*
(Matthäus 6,12)

Mit diesem Gleichnis hat Jesus seine Lehre über die
Vergebung mit lebendiger Farbe erfüllt und ihr
stereophonischen Klang verliehen. Dies Gleichnis ist
von tiefen Einsichten über geistige und geistliche
Heilung erfüllt. Das sollte uns nicht überraschen.

Jesus war der einzig vollkommene Mensch, der je gelebt hat. Wir hören, dass er wusste, was im Menschen war, und das bis in die tiefsten Tiefen. Deshalb dürfen wir erwarten, dass seine Wahrheiten und seine Lehren die durchdringendsten psychologischen Wahrheiten enthalten.

Das Gleichnis

Als der König beschloss, eine Rechnungsprüfung durchzuführen, stellte sich heraus, dass ein Diener ihm die ungeheure Summe von 13 Millionen Euro schuldete. Die jährlichen Steuern aus den Provinzen Judäa, Idumäa, Samaria, Galiläa und Peräa ergaben zusammen nur eine Millionen Euro. Die Überhöhung der Schuld ist das, worauf es ankommt. Die Schuld eines Menschen vor Gott und vor anderen ist so groß, dass sie niemals zurückgezahlt werden kann, so wie ein Knecht, der für ein paar Cent am Tag arbeitet, niemals genug Geld zusammensparen kann, um eine Schuld von 13 Millionen Euro zurückzuzahlen.

Der Knecht fiel auf die Knie und bat um Erbarmen. Er bat um eine besondere Erbarmung, indem er das Wort „makrothymason" gebrauchte. An allen Stellen, wo dieses Wort im Neuen Testament vorkommt, bedeutet es so viel wie „zeitliche Ausdehnung, Aufschub". „Herr, habe Geduld mit mir. Bitte, gewähre mir Aufschub, und ich will dir alles zurückzahlen. Gib mir Zeit."

Wir sehen, dass die Vorstellung, die der Knecht sich von Vergebung machte, eine ganz andere war, als sein Herr sie hatte. Der Herr vergab ihm in seinem Erbarmen alle Schuld und ließ ihn los. Als nun derselbe Knecht hinausging, sah er einen Mitknecht, der ihm die geringfügige Summe schuldete. Er würgte ihn und sagte: „Bezahle, was du mir schuldig bist." Als dieser das nicht konnte, zeigte ihm der Knecht kein Erbarmen, sondern warf ihn in den Schuldturm, bis er ihm alles zurückzahlte. Da ließ der Herr den Knecht kommen und sagte: „Schau, ich habe dir alle deine Schulden erlassen, und jetzt behandelst du deinen Mitknecht in dieser Weise?" Deshalb ließ ihn sein Herr in seinem Zorn ins Gefängnis werfen.

Das ist an sich schon schlimm genug, aber die nächste Aussage Jesu ist viel erschreckender: „So wird euch mein himmlischer Vater auch tun, wenn ihr nicht euren Brüdern von Herzen vergebt." Was für ein Bild des himmlischen Vaters ist das? Liegt hier eine falsche Übersetzung vor? Nein, die Schlussfolgerung ist klar. Denen gegenüber, die keine Vergebung haben und sie auch nicht ausüben, wird Gott wie ein harter und strenger Steuereintreiber auftreten.

Ist das eine weitere Übertreibung wie bei der überhöhten Geldmenge, und bezieht sich diese Stelle auf das zukünftige Leben, auf die Bestrafung der Bösen? Das mag so sein, aber wir brauchen gar nicht auf das zukünftige Leben zu warten, um zu sehen, wie sich die Worte Jesu erfüllen. Denn schon jetzt und hier werden die, die keine Vergebung haben und sie auch nicht ausüben, von Schuld- und Unmutsgefühlen heimgesucht. Sie leben wie in einem Gefängnis, in dem sie von allen möglichen seelischen Konflikten gequält werden.

Soll- und Schuldgefühle

In das Gleichnis Jesu ist ein Bild der Beziehungen von Menschen untereinander hineingewoben. Die Welt ist für Vergebung geschaffen; sie ist für Gnade geschaffen, sie ist für Liebe in allen Lebensbereichen geschaffen. Das Bedürfnis danach ist eingebaut in das Gefüge der Natur und der menschlichen Persönlichkeit. Es existiert in jeder Zelle unseres Leibes, in jeder zwischenmenschlichen Beziehung. Wir sind für Gnade und Liebe und zur gegenseitigen Annahme erschaffen. Die Bibel beschreibt die Sünde unter anderem als eine „Verletzung von Gottes Geboten". Wenn wir diese Gebote brechen, stehen wir gewissermaßen in ihrer Schuld. Die Wörter „sollen" und „schulden" stammen von derselben Wurzel. Wenn wir sagen: „Ich sollte das tun", dann heißt das: „ich schulde das Gott" oder „ich schulde das diesem Menschen". Was für Gottes Gebote gilt, gilt auch für den Bereich der zwischenmenschlichen Beziehungen. Wir empfinden Soll- und Schuldgefühle gegeneinander. Wenn wir uns an einem Menschen versündigen, sagen wir oft: „Ich fühle mich irgendwie in seiner Schuld." Hat uns jemand verletzt, erwarten wir eine Entschuldigung von ihm. Wenn jemand aus dem Gefängnis entlassen wird, sagen wir: „Er hat der Gesellschaft gegenüber seine Schuld abgebüßt." Diese Vorstellung hat Jesus als das Herzstück des Vaterunsers bezeichnet, indem er uns beten lehrt: Vergib uns unsere Schuld, wie wir vergeben unseren Schuldigern.

Jeder Seelsorger und Anwalt, ja jeder, der eng mit anderen Menschen zusammenarbeitet, weiß, dass das ganze System der Schuld in einer geradezu außerordentlichen Weise in die menschliche Persönlichkeit eingeplant ist. Es gibt ein Gefühl für das Sollen, für das Schuldigsein. Wir streben danach, das Böse wieder gutzumachen, unsere Schulden abzuzahlen oder die Schulden bezahlt zu bekommen, die uns jemand schuldet. Wenn wir über etwas wütend sind, dann sagen wir: „Warum muss ich die ganze Rechnung begleichen?" Wenn wir uns über jemand ärgern, sagen wir, dass er uns dafür bezahlen muss. So setzt sich der ganze unerbittliche Vorgang in Bewegung und der Mensch wird seinen inneren Peinigern ausgeliefert. Das sind die „Gefängniswärter", die in diesem schrecklichen Gefängnis als Schuldeneintreiber arbeiten.

Ärzte haben festgestellt, dass viele Menschen, die heute mit körperlichen Beschwerden in den Krankenhäusern liegen, Krankheiten haben, deren Wurzeln seelisch begründet sind. Manche Patienten bestrafen sich mit ihrer eigenen Krankheit, und körperliche Symptome und Zusammenbrüche können ungewollte Schuldbekenntnisse sein.

Gründe für seelische Probleme

Nach meiner Erkenntnis sind die beiden Hauptgründe für die meisten seelischen Probleme bei wieder geborenen Christen folgende: Sie können Gottes bedingungslose Gnade und Vergebung weder verstehen, annehmen noch ausleben. Sie können die bedingungslose Liebe, Vergebung und Gnade nicht an andere weitergeben.

1. Sie können die Vergebung nicht annehmen. Viele von uns sind wie der Knecht im Gleichnis. Weil er das Angebot des Herrn missverstand, flehte er um eine Verlängerung der Frist. Und was geschah? In seinem Erbarmen gab ihm der Herr viel mehr als das, worum er bat, mehr als er erträumen oder erbitten konnte: Er ließ ihn los und vergab ihm alle seine Schulden. Aber der Knecht begriff gar nicht, was der Herr ihm sagte. Er meinte, sein Herr hätte ihm das gegeben, worum er bat. Und worum bat er? Um Geduld und um Aufschub. „Herr, verlängere meinen Schuldschein und ich versichere dir, ich will dir alles bezahlen, was ich dir schulde." In seinem Hochmut und sittlichen Unverständnis dachte er, er könne 13 Millionen Euro zurückzahlen, wenn man ihm nur genügend Zeit ließe. Aber der Herr wischte in seinem Erbarmen die ganze Schuld weg. Er verlängerte nicht den Schuldschein. Er zerriss ihn. Er erklärte ihn für ungültig, befreite den Mann von seinen Schulden und von seiner Furcht vor der Einkerkerung. Der arme Knecht konnte die herrliche Botschaft nicht glauben.

Er konnte sie nicht begreifen. Er konnte sie nicht erleben. Er konnte sich nicht an ihr freuen. Er dachte, er stände noch unter dem Schuldspruch und er hätte einfach mehr Zeit bekommen, um zu arbeiten, zu knausern und zu sparen und dann seine Schulden abzubezahlen. Weil er gar nicht merkte, dass die Schuld getilgt war, machten sich die versteckten Folterknechte des Abscheus, der Schuld, des Sich-Abmühens und der Angst in ihm an die Arbeit. Weil er dachte, dass er noch Schulden hätte, dachte er, er müsse sich hierfür noch abmühen und auch noch Schulden von anderen eintreiben.

Viele von uns denken ebenso. Wir lesen von einer guten Theologie der Gnade, wir hören von ihr, wir glauben daran. Aber wir leben nicht danach. Wir glauben im Kopf an die Gnade, aber nicht bis in unsere innersten Gefühlsregungen oder hinein in unsere zwischenmenschlichen Beziehungen. Es gibt kein anderes Wort, mit dem wir frömmer um uns werfen. Wir schwören in unseren Bekenntnissen auf die Gnade und singen in unseren Liedern von ihr. Wir verkündigen es laut, dass sie das Eigentliche des christlichen Glaubens ist, dass wir durch den Glauben allein aus Gnaden gerettet sind. Aber das spielt sich alles nur im Kopf ab. Die frohe Botschaft des Evangeliums von der Gnade ist nicht bis in unseren seelischen Bereich vorgedrungen. Sie konnte nicht bis in unsere zwischenmenschlichen Beziehungen hineingelangen. Wir können die Begriffsbestimmung herunterleiern: Die Gnade ist Gottes unverdiente Gunsterweisung. Aber das berührt nicht unser Gefühlsleben. Wir leben nicht danach. Wir gehen nicht weit genug.

Die Gnade ist nicht nur Gottes unverdiente Gunst und Erbarmung. Sie beruht nicht auf unseren Leistungen und kann nie zurückgezahlt werden. Weil viele Gläubige die Gnade weder voll erfassen noch erkennen und spüren, werden sie in die tragische Tretmühle des Leistens, des Handelns und des Strebens getrieben. Sie versuchen von ihrer Schuld loszukommen. Sie versuchen ihre Schuld zu bezahlen und wieder gutzumachen. Sie lesen täglich ein Kapitel mehr in der Bibel, verlängern ihre Gebetszeit, gehen dann hinaus und legen schuldbeladen Zeugnis ab. Dabei haben sie Erlösung, die volle Tilgung des Schuldscheins.

Viele Gläubige sind wie der junge Prediger, der mich einmal besuchte. Er hatte viele Schwierigkeiten und kam nicht mit anderen Menschen zurecht, vor allem nicht mit seiner Frau und seinen Kindern. Ich hatte schon privat mit seiner Frau gesprochen. Sie war ein feiner Mensch – hübsch, warmherzig, gütig, liebevoll – und unterstützte ihn völlig in seinem Predigerdienst. Aber er nörgelte nur immer an ihr herum und gab ihr die Schuld an allen möglichen Dingen. Sie machte alles falsch. Er war sarkastisch und anspruchsvoll, zog sich zurück, wenn sie sich ihm nähern wollte, und wies ihre Liebe und Zuneigung ab. Langsam, aber sicher dämmerte es ihm: Er zerstörte ihre Ehe. Dann merkte er, wenn er auf der Kanzel stand, dass er den Leuten mit seinen Predigten wehtat, die überaus hart und richtend waren. So kann es kommen. Man lässt seinen ganzen unglücklichen Zustand an anderen aus.

Schließlich besuchte er mich in seiner Verzweiflung. Am Anfang unserer Unterredung ging er auf seine Schwierigkeiten wie ein richtiger Mann ein: Er schob alles auf seine Frau! Aber als er nach einer Weile ehrlich wurde, kam die schmerzliche Wurzel der Angelegenheit ans Tageslicht. Während er in Korea Armeedienst ableistete, hatte er zwei Wochen Erholungsurlaub in Japan verbracht. Als er während dieses Urlaubs durch die Straßen von Tokio ging, leer und einsam, und schreckliches Heimweh hatte, fiel er in Versuchung und ging drei- oder viermal in ein Bordell. Er war nie in der Lage gewesen, sich selbst zu vergeben. Er hatte Gott um Vergebung gebeten, und in seinem Kopf hatte er auch daran geglaubt. Aber die Schuld plagte ihn, und er hatte einen Hass auf sich selbst. Jedes Mal, wenn er in den Spiegel blickte, konnte er den Anblick nicht ertragen. Er hatte sich niemals jemand anvertraut, und die Last wurde unerträglich.

Als er nach Hause zurückkam, um seine Braut zu heiraten, die die ganzen Jahre hindurch treu auf ihn gewartet hatte, verstärkten sich seine seelischen Konflikte, weil er immer noch nicht die volle Vergebung annehmen konnte. Er konnte sich selbst nicht das vergeben, was er sich und ihr angetan hatte. Deshalb konnte er die von ihr ausgehende Zuneigung und Liebe nicht annehmen. Er meinte, er hätte kein Recht, glücklich zu sein. Ich muss die Schuld zurückzahlen.

Die schrecklichen Folterknechte waren in ihm am Werk, und er versuchte, sich zu bestrafen, zu leiden, für alle seine Schuld zu büßen. All die Jahre lebte er in einem Gefängnis, und die Schuldeneintreiber leisteten ihre tödliche Arbeit. Der junge Geistliche lebte, wie es einmal jemand treffend gesagt hat, in der „ständigen Buße des Bedauerns".

Wie schön war es dann, mitzuerleben, wie er die volle, freie Vergebung von Gott, dann von seiner Frau und wohl am allerbesten von sich selbst annahm. Er glaubte an die Gnade und predigte sie sogar, aber er hatte noch nie die völlige Vergebung Gottes angenommen. Er versuchte, mit einem Schuldschein zurückzuzahlen. Er büßte seine Schuld selbst ab und nahm das in sein Innenleben mit.

Gott vergibt uns nur dann, wenn wir aus freien Stücken, von Herzen unserem Bruder vergeben. Ob unsere Denkweise wohl so eng geworden ist, dass wir meinen, „Bruder" beziehe sich nur auf jemand anderen? Ob wir wohl selbst der Bruder und die Schwester sind, die Vergebung brauchen und uns selbst vergeben müssten? Ob wir wohl selbst unser schlimmster Feind sind? Dieser zum Prediger gewordene Soldat musste sich erst einmal bewusst werden, dass einem anderen zu vergeben auch bedeutet, sich selbst zu vergeben. Zorn und Hass gegen sich selbst, ein Sich-Weigern, sich selbst zu vergeben, ist ebenso schädlich, wenn es gegen uns wie gegen andere gerichtet ist.

2. Wenn wir Gottes Gnade und Vergebung nicht annehmen können, geben wir auch keine bedingungslose Liebe, Vergebung und Gnade an andere weiter. Es kommt zu einem Zusammenbruch unserer zwischenmenschlichen Beziehungen. Daraus erwachsen dann seelische Konflikte in uns und mit anderen. Wer keine Vergebung annimmt, kann sie auch nicht an andere weitergeben, und wer keine Vergebung weitergibt, schließt den unheilvollen Kreis, weil er keine Vergebung annehmen kann.

Wie tragisch ist dies Gleichnis! Der Knecht, der gar nicht gemerkt hatte, dass ihm volle Vergebung zuteil geworden war, dachte, er müsse noch von den Knechten Geld sammeln, die ihm etwas schuldig waren, um damit bei seinem Herrn seine Schuld abzubezahlen, obwohl sie doch bereits getilgt war. Er griff sich den ersten Mitknecht, den er fand, würgte ihn und sagte: „Bezahle, was du mir schuldig bist. Gib mir mein Geld!" Lassen Sie uns darüber nachdenken! Er meinte, er hätte eine Verlängerungsfrist für seinen Schuldschein erhalten. Dem armen Kerl gegenüber aber war er dazu nicht bereit, sondern er sagte zu ihm: „Bezahle mir jetzt, oder ich werfe dich ins Gefängnis." Da dieser das Geld nicht hatte, flog er ins Gefängnis. Das ist nicht gerade die beste Art, um zwischenmenschliche Beziehungen aufrechtzuerhalten!

So wird der unheilvolle Kreis noch unheilvoller. Wer nicht angenommen ist, nimmt auch nicht an. Wem nicht vergeben wird, vergibt auch nicht. Wer keine Gnade annimmt, verhält sich ungnädig. Daraus erwachsen dann seelische Konflikte und zerstörte menschliche Beziehungen. Bedenken wir, wie wir das auf die Menschen anwenden, die in unserem Leben eine besondere Rolle spielen: die Eltern, die uns verletzten, als wir groß wurden; die Brüder und Schwestern, die versagten, als wir ihre Hilfe brauchten; der Freund, der uns enttäuschte; das Mädchen, das uns abwies; der Ehepartner, der versprach, uns zu lieben, für uns zu sorgen, zu trösten, aber stattdessen an uns herumnörgelt, uns ständig beschuldigt, uns Schmerz verursacht. Sie sind uns doch alle gegenüber schuldig geworden, nicht wahr? Sie schulden uns Zuneigung und Liebe, Sicherheit und Selbstbestätigung, aber weil wir uns verschuldet und schuldbewusst, ärgerlich, unsicher und ängstlich vorkommen, weil wir uns so betrachten, als hätten wir keine Vergebung und seien unannehmbar, werden wir unsererseits zu Menschen, die nicht vergeben und die andere nicht annehmen können. Wenn wir keine Gnade angenommen haben, wie können wir sie dann an andere weitergeben? Und weil wir uns mit uns selbst abquälen, verletzen wir andere. Wir müssen einfach unsere Betrübnisse und unsere Verletzungen bei den anderen abkassieren. Wir müssen all die Menschen, die uns verletzt haben, dazu bringen, dass sie uns die Schulden abzahlen, die sie bei uns haben. Wir werden zu Eintreibern von Bekümmernissen.

Schuldeneintreiben in der Ehe

Viele Verheiratete lassen Gott nicht das für sie tun, was nur er tun kann. Sie erwarten es vielmehr von ihrem Ehegatten, der es gar nicht vermag. Wenn sie sich Mühe geben, werden Männer zu guten Ehemännern und Frauen zu guten Ehefrauen, aber zu miserablen Göttern. Götter aber sollten sie gar nicht sein. All die herrlichen Versprechungen, die man am Hochzeitstag macht, dich in allen Umständen und Wechselfällen des Lebens zu lieben, für dich zu sorgen, dich zu beschützen, sind nur dann zu halten, wenn das Herz in Gottes Liebe, Gnade und Fürsorge ruht. Nur eine Seele, die Vergebung und Gnade erlangt hat, kann solche Versprechen halten. Hinter vielen großen und schönen Worten steht unausgesprochen: „Mir fehlt innerlich schrecklich viel, ich fühle mich innerlich so leer und schuldig, dass ich dir eine großartige Gelegenheit gebe, meine Abgrundtiefe auszufüllen. Bin ich nicht ein prächtiger Mensch?"

Ein Psychologe verglich dieses Verhalten mit einer Zecke auf einem Hund. Die Zecke ist gar nicht daran interessiert, dass es der Hund gut hat, sie saugt ihn nur aus. Die Tragödie in manchen Ehen besteht darin, dass beide Partner nur nehmen. Eine solche Ehe ist dann wie zwei Zecken und kein Hund. Zwei Eintreiber und nichts da zum Eintreiben!

Vor Jahren besuchte mich ein Ehepaar. Sie waren 15 Jahre verheiratet. Es waren 15 Jahre eines ehelichen Pingpongs. Jedes Mal, wenn er pingte, pongte sie, und umgekehrt. Offensives und defensives Spiel wechselten sich ab. Als wir langsam und schmerzlich in der Seelsorge vorankamen, mussten wir einige theologische Hüllen beseitigen, um die schreckliche Enttäuschung, die seelischen Wunden und die echte Verbitterung bloßzulegen, unter denen sie beide litten. Sie hatte ihn geheiratet, weil er eine geistliche Führerpersönlichkeit zu sein schien, zuchtvoll, entschlossen und strebsam.

Man kann sich ihr Entsetzen vorstellen, als es sich herausstellte, dass er unentschlossen und zuchtlos, faul und nachlässig war. In ihrem Zorn würgte sie ihn wie der Knecht im Gleichnis und sagte: „Du hast mich betrogen. Du schuldest mir all das, was ich von dir erwartet habe, als ich dich heiratete." Sie betrachtete ihn als einen Menschen, der ihr gegenüber verschuldet war. Fünfzehn Jahre lang hatte sie an ihm herumgenörgelt: „Bezahle mir, was du mir schuldig bist."

Er hatte sie geheiratet, weil sie gut aussah, hübsch und ordentlich war. Man kann sich seine schreckliche Enttäuschung vorstellen, als er entdeckte, dass sie ihre Hausarbeit schlampig erledigte, dass sie ihre Haare, ihre Kleidung und ihr ganzes Äußeres vernachlässigte. Er meinte, sie hätte ihn hereingelegt. „Du schuldest mir diese Dinge, die dich auszeichneten, als ich um dich warb." Und so würgte er sie, sagte mit Spott und bissigen Bemerkungen: „Bezahle, was du mir schuldig bist. Du hast deinen Schuldschein nicht eingelöst."

Beide hatten fünfzehn Jahre lang darauf gewartet, dass sich der andere änderte. Wie tragisch ist es doch oft um die zwischenmenschlichen Beziehungen unter gläubigen Christen bestellt! Wir sind Schuldeneintreiber, weil wir nicht erfasst haben, dass unsere Schulden völlig getilgt sind, dass Gott am Kreuz von Golgatha den Schuldschein bereits zerrissen hat.

„Das habe ich die letzten 18 Jahre lang bei meinen

Kindern getan – ich habe Schulden eingetrieben, ich habe sie dazu aufgefordert, mir zu bezahlen, was sie schuldig waren, anstatt ihnen bedingungslos Liebe zu geben." Und wie viele seelische Verklemmungen sind dabei herausgekommen!

Drei Tests

Ich möchte Ihnen drei Tests zur Prüfung vorlegen.

1. Der Verstimmungstest. Gibt es jemand, dem Sie grollen, von dem Sie niemals ablassen können: die Eltern, der Bruder, die Schwester, der Freund, die Freundin, der Ehepartner, die Mitarbeiter, jemand, der Ihnen in Ihrer Kindheit Böses angetan hat, ein Lehrer, oder jemand, der Sie als Kind sexuell missbraucht hat?

2. Der Verantwortlichkeitstest. Erheben Sie Anklagen gegen andere? Wenn nur meine Eltern, meine Frau, meine Kinder, das Leben, Gott mir nur das gegeben hätten, was sie mir schuldig sind, dann ginge es mir jetzt nicht so dreckig. Dann hätte ich jetzt nicht diese persönlichen Schwierigkeiten. Wenn sie mir ihre Schulden bezahlten, dann könnte ich meine Schulden abbezahlen.

Übernehmen Sie die Verantwortung für Ihr eigenes Versagen und Unvermögen, oder lassen Sie ständig eine Schallplatte ablaufen: Die haben mich ja erst zu dem gemacht, was ich bin!? Er war es, sie war es? Hier aber geht es vielmehr um Vergebung anderen gegenüber und um die Übernahme von Verantwortung für sich selbst. Das sind die beiden Seiten derselben Münze. Sie können nur zusammen blank geputzt werden.

3. Der Erinnerung- und Reaktionstest. Er ist besonders schwierig. Wie reagieren wir, wenn uns jemand an einen anderen Menschen erinnert? Vielleicht gefällt Ihnen die Art nicht, wie Ihr Mann die Kinder straft, weil er sie an Ihren Vater erinnert, der das im Übermaß getan hat. So kommt es dann zu Zusammenstößen. Sie mögen Ihren Nachbarn nicht, grollen einem Mitarbeiter, weil er sie an jemand anderen erinnert, dem Sie nie richtig vergeben haben. Die Art und Weise, wie Sie auf Erinnerungen aus der unbewältigten, unvergebenen Vergangenheit reagieren, bestimmt Ihr Verhalten dem Menschen gegenüber, mit dem Sie es gerade zu tun haben.

Wie Sie mit Ihren Schulden umgehen sollen

In der Bibel wird uns ein Weg gezeigt, wie wir mit all diesen Nöten, die aus der Vergangenheit herrühren, fertig werden können. Der Weg Gottes geht viel weiter als bloß uns zu vergeben und sich unserem Groll ausliefern zu lassen. Gott nimmt die Sünden, das Versagen und die Nöte, die früher in unserem Leben geschehen sind, und hüllt den Mantel seiner liebevollen Ziele um sie, um aus ihnen etwas Neues zu machen.

Den deutlichsten Anschauungsunterricht liefert uns hier das Kreuz. Dort nahm Gott das hinweg, was vom menschlichen Standpunkt aus das größte Unrecht und die tiefste Tragödie war, die es je gegeben hat, und machte daraus die höchste Gabe, die es für uns gibt: die Gabe der Errettung.

Ein menschliches Beispiel dafür haben wir in der Josephsgeschichte, in der Geschichte des Mannes, dem von seinen älteren Brüdern in so brutaler Weise Unrecht zugefügt worden war. Als seine Brüder später vor dem Herrscher Joseph auf die Knie gingen, trieb er keine Schulden ein und ging nicht hart mit ihnen ins Gericht. Stattdessen sagte er, weil er wusste, dass sie es schwer haben würden, sich selbst zu vergeben: „Fürchtet euch nicht, ich bin unter Gott (englische Übersetzung wörtlich: bin ich denn an Gottes Stelle?). Ihr gedachtet es böse zu machen, aber Gott gedachte es gut zu machen, dass er täte, wie es jetzt am Tage ist, zu erhalten viel Volks" (1. Mose 50,19.20).

Sind Sie Glied einer schuldenfreien Gemeinschaft von Gläubigen? Ist Ihre Ehe frei von Schuldeneintreiben? Ihre Familie? Jede Gemeinschaft sollte eine schuldenfreie Gemeinschaft sein, in der man sich gegenseitig liebt, weil wir geliebt sind. In der wir einander annehmen, weil wir angenommen sind. In der einer den anderen begnadigt, weil wir begnadigt sind.

Deshalb können wir andere freilassen, weil er uns freigelassen hat, und dabei Gnade und Liebe üben. Der Apostel Paulus hat das in zehn Worten zusammengefasst: „Seid niemand nichts schuldig, als dass ihr euch untereinander liebet" (Röm. 13,8). In den Worten Jesu: „Umsonst habt ihr's empfangen, umsonst gebt es weiter" wird das Grundwort für „Gabe" viermal verwandt. Es heißt wörtlich: „Als Gabe ist es euch gegeben, gebt es als Gabe weiter!" (Matth. 10,8).

3. Der verwundete Heiler

„Dieweil wir denn einen großen Hohenpriester haben,
Jesum, den Sohn Gottes, der gen Himmel gefahren ist,
so lasset uns halten an dem Bekenntnis. Denn wir
haben nicht einen Hohenpriester, der nicht könnte
Mitleiden haben mit unseren Schwachheiten, sondern
der versucht ist allenthalben gleichwie wir, doch ohne
Sünde. Darum lasst uns hinzutreten mit Freudigkeit zu
dem Gnadenstuhl, auf dass wir Barmherzigkeit
empfangen und Gnade finden auf die Zeit, wenn uns
Hilfe Not ist. Und er hat in den Tagen seines Fleisches
Gebet und Flehen mit starkem Geschrei und Tränen
geopfert zu dem, der ihm konnte von dem Tode aushel-
fen; und ist auch erhört, darum, dass er Gott in Ehren
hatte. Und obwohl er Gottes Sohn war, hat er doch an
dem, was er litt, Gehorsam gelernt. Und als er vollen-
det war, ist er allen, die ihm gehorsam sind, eine
Ursache zur ewigen Errettung geworden.“
(Hebräer 4,14-16; 5,7-9)

Wenn wir Hebräer 4,15 in eine positive Aussage umschreiben, dann würde sie lauten: „Denn wir haben einen Hohenpriester, der ein Empfinden besitzt für unsere Schwachheiten." Im Alten Testament steht das Wort für „Schwachheiten" im Zusammenhang mit den Opfern, die von den Priestern gebracht werden. Eine Schwachheit war in erster Linie ein körperliches Mal, ein Makel. Es war ein äußerer Schaden oder eine Verunstaltung entweder an einem Menschen oder an einem Tier. Wenn jemand eine Schwachheit an sich trug, durfte er nicht als Priester auftreten, selbst wenn er ein Mitglied der Priesterfamilie Aarons war. Seine Schwachheit erlaubte es ihm nicht, in die Gegenwart der Heiligkeit Gottes zu treten (3. Mose 21,16-24). Ebenso mussten Gaben und Opfer „ohne Flecken und Makel" sein. Viele Stellen im 3. Buch Mose machen deutlich, dass man Gott kein schwaches Tier opfern durfte. Sowohl das Opfer als auch der Opfernde mussten frei sein von Schwachheiten. Normalerweise steht im Neuen Testament für „Schwachheit" die negative Form des Wortes „sthenos", das soviel wie „Stärke" bedeutet. Wenn man nun den Buchstaben „a" vor ein Wort setzt, dann ist das Wort verneint. Ein „The-ist" ist jemand, der an Gott glaubt; wenn man ein „a" davorsetzt, wird daraus A-the-ist, einer, der nicht an Gott glaubt. Wenn man vor „sthenos", das „Stärke" bedeutet, ein „a" setzt, dann erhält man das Grundwort für Schwäche, nämlich „astheneia", das wörtlich „Mangel an Stärke, Schwäche, Verkrüppelung" bedeutet.

Das Wort wird im Neuen Testament kaum je in einem körperlichen Zusammenhang verwendet. Es bezieht sich vielmehr auf geistige, sittliche und seelische Schwachheiten, auf einen Mangel an Seelenstärke. Schwachheiten sind an sich keine Sünden, aber sie untergraben unsere Widerstandsfähigkeit gegenüber der Versuchung. Im Neuen Testament sind Schwachheiten Eigenschaften der menschlichen Natur, die uns der Sünde gegenüber geneigt und zugänglich machen.

Der Hebräerbrief entspricht dem 3. Buch Mose mehr als jedes andere Buch im Neuen Testament. Er weist nach, dass das im 3. Buch Mose aufgezeigte System von Opfern in Jesus Christus, unserem Hohenpriester, seine Erfüllung findet. Diese Erfüllung gilt auch für das, was über die Schwachheiten bei den Priestern gesagt ist. Im Alten Testament hatte der Priester Schwachheiten, weil er am gemeinsamen Schicksal aller Menschen teilhatte. Wenn er seine Opfer brachte, opferte er daher auch für sich selbst, um auch seine Unvollkommenheiten zu bedecken. Weil er Schwächen hatte, konnte er die Schwächen seines Volkes verstehen und sanfter mit ihnen umgehen. Er konnte ein verständnisvoller Priester sein. Auch er war den inneren Schwachheiten ausgesetzt, die uns alle für Versuchungen und Sünden so zugänglich machen.

Der Schreiber des Hebräerbriefs hat dieses Bild auf unseren Herrn Jesus Christus, unseren großen Hohenpriester und Mittler, übertragen. Weil er nie gesündigt hat, weil er nie wie die alttestamentlichen Priester den Versuchungen nachgegeben hat, brauchte er nie ein Opfer für sich selbst zu bringen. Aber weil er versucht wurde, weil er ebenso wie wir in allen Dingen auf die Probe gestellt worden war, haben wir einen Hohenpriester, der versteht, wie wir unsere Schwachheiten empfinden.

Wenn er lediglich für die Tatsache unserer Schwachheiten Verständnis hätte, wäre das schon sehr viel. Aber ich habe eine noch bessere Nachricht für Sie. Er versteht sogar, wie sich unsere Schwachheiten „anfühlen" – nicht nur unsere Schwächezustände, die seelischen Verklemmungen und die inneren Konflikte, sondern die Schmerzen, die aus der Tiefe unseres Seins kommen. Er versteht die Verzweiflung, die Angst, die Niedergeschlagenheit, das Verletztsein, das Gefühl für Verlassensein, für Einsamkeit, für Abgeschnittensein und für Zurückgewiesenwerden. Er, der von dem Gefühl für unsere Schwachheiten betroffen ist, erlebt und erleidet die ganze entsetzliche Skala von Gefühlsregungen, die unsere Schwachheiten und unser Verkehrtsein begleiten.

Wo haben wir den Beweis dafür? Wohin wendet sich der Schreiber des Hebräerbriefs, um darzulegen, dass Jesus versteht, wie es uns unter unseren Schwachheiten zumute ist? „In den Tagen seines Fleisches" – also während Jesus Mensch war, hat er „Gebet mit starkem Geschrei und Tränen geopfert" (Hebr. 5,7). War das eine schöne, sanfte und stille Zeit? O nein! „Er hat in den Tagen seines Fleisches Gebet und Flehen mit starkem Geschrei und Tränen geopfert zu dem, der ihm vom Tode aushelfen konnte; und ist auch erhört, weil er Gott in Ehren hatte – weil er Gott fürchtete. Und obwohl er Gottes Sohn war, hat er doch an dem, was er litt, Gehorsam gelernt" (Hebr. 5,7-8).

Das weist hin auf Gethsemane, auf seine Passion, sein Leiden, auf das Kreuz unseres Herrn, als wollte er sagen: „Sieh an, er hat es alles selbst erlebt. Er weiß, was es heißt, in Tränen auszubrechen. Er weiß, was es bedeutet, mit lautem Schluchzen zu Gott zu beten. Er hat mit Gefühlen gerungen, die ihn fast zerrissen. Er weiß Bescheid. Er ist da hindurchgegangen und kann mit uns mitfühlen. Es tut ihm ebenso weh wie uns."

Von allen Bezeichnungen für die Fleischwerdung Jesu ist die größte „Immanuel = Gott mit uns". Gott ist bei uns in allen Lebenslagen. Noch besser, da Gott selbst alle Lebenslagen durchlebt hat, weiß er, wie es einem Menschen im Innern zumute ist, und kann mit uns mitfühlen. Daher dürfen wir kühn kommen: Wir dürfen uns ihm mit Zuversicht nahen. Wir brauchen nie das Gefühl zu haben, bei mir stimmt etwas nicht, weil ich unter dieser Depression leide. Ich bin nicht geistlich. Das sind Grausamkeiten, die wir Gläubige oft einander zufügen, und sie sind unbiblisch.

Wir kommen nicht in die Gegenwart eines neurotischen Vaters oder einer neurotischen Mutter, die von ihren Kindern nur Gutes hören wollen. Wir kommen nicht in die Gegenwart eines Vaters, der sagt: „Stell' dich nicht so an! Heul' bloß nicht! Wenn du weiterheulst, dann werde ich dir etwas geben, worüber du wirklich heulen musst."

Wir kommen zu einem himmlischen Vater, der unsere Gefühle versteht und der uns dazu einlädt, sie mit ihm zu teilen. Daher dürfen wir uns mit Zuversicht dem Thron der Gnade nahen, „dass wir Barmherzigkeit empfangen und Gnade finden werden auf die Zeit, da uns Hilfe Not ist". Wir können kommen, wenn wir Vergebung brauchen und wenn wir uns wegen unserer Sünden schuldig fühlen. Und wir können auch kommen, wenn das Gefühl unserer Schwachheiten uns zugrunde richten will und uns quält.

Der Garten

Um zu verstehen, was es den Heiland gekostet hat, unser Heiler zu werden, müssen wir ihn durch seine Passion und sein Leiden begleiten, wie es uns in den Evangelien, in den Psalmen und im Buch Jesaja entgegentritt.

Kommen Sie mit mir in den Garten Gethsemane. Entdecken Sie, was es Jesus gekostet hat, Immanuel = Gott ist mit uns zu werden. Er „begann zu trauern und zu zagen. Da sprach er zu ihnen: Meine Seele ist übermäßig betrübt bis an den Tod" (Matth. 26,37-38). „Was heißt das, Herr? Willst du wirklich behaupten, du hast solche Gefühle, solche seelischen Anwandlungen und Schmerzen in jener schlimmen Stunde verspürt, dass du sogar sterben wolltest? Willst du damit sagen, dass du mich verstehst, wenn ich so niedergeschlagen bin, dass ich nicht mehr länger leben möchte?"

Schauen wir uns Psalm 22 an, einen der so genannten Psalmen der Verlassenheit. „Ich bin ausgeschüttet wie Wasser; alle meine Gebeine haben sich zertrennt; mein Herz ist in meinem Leibe wie geschmolzenes Wachs. Meine Kräfte sind vertrocknet wie eine Scherbe, und meine Zunge klebt an meinem Gaumen, und du legst mich in des Todes Staub" (Verse 16-17).

Im Psalm 69 begegnet uns Ähnliches: „Gott, hilf mir, denn das Wasser geht mir bis an die Seele" (Vers 2). „Ich bin im tiefen Wasser, und die Flut will mich ersäufen" (Vers 3). „Ich habe mich müde geschrien" (Vers 4). „Die Schmach bricht mir mein Herz und kränkt mich. Ich warte, ob's jemand jammere, aber da ist niemand; und auf Tröster, aber ich finde keine" (Vers 21).

„Könnt ihr nicht eine Stunde mit mir wachen?" (Matth. 26,40). Dreimal flehte er seine Freunde an, aber es war zwecklos. Schließlich „verließen ihn alle seine Jünger und flohen" (Matth. 26,56).

Wenn wir schon einmal mit schrecklicher Einsamkeit oder mit einer leidensbedingten inneren Leere zu kämpfen hatten, wenn wir schwärzeste Anfälle von Depressionen erlebt haben, dann wissen wir, dass, wenn wir ganz tief unten sind, es das Schwierigste ist zu beten, weil wir Gottes Gegenwart nicht verspüren. Ich möchte Ihnen versichern: Er kennt, er versteht, er fühlt unsere Schwachheiten. Er nimmt an allen unseren Empfindungen teil, weil er sie selbst durchlitten hat.

Der Prozess

Folgen wir ihm zu seinem Prozess, wo er falsches Zeugnis zu hören bekam. Sind wir schon einmal falsch beschuldigt worden? Wissen wir, wie weh das tut? „Sie spien aus in sein Angesicht und schlugen ihn mit Fäusten; etliche aber schlugen ihm ins Angesicht" (Matth. 26,26). „Sie verspotteten ihn und schlugen ihm ins Angesicht" (Lk. 22,63-64).

Oft geschieht es, wenn Leute zu mir in die Seelsorge kommen, die tief verletzt sind, die wutentbrannt oder schmerzerfüllt sind, schauen sie mich mit großen Augen wie versteinert an, ohne auch nur den Schimmer einer Gefühlsregung zu zeigen. Aber wenn ich tiefer nachbohre und sie frage: „Sagen Sie mir, was ist das schlimmste Bild, das Sie im Gedächtnis haben? Ich meine das, das Ihnen die meisten Schmerzen bereitet", dann verändert sich ihr Gesichtsausdruck. Anfangs ist nur eine Spur davon zu sehen, dann beginnt sich das Auge mit Tränen zu füllen; bald strömen die Tränen die Wangen herab, und binnen kurzem schütteln sich sogar starke, kraftvolle Männer vor Tränen.

„Ja, ich weiß es genau. Ich kann mich daran erinnern. Es war, als Papa ausholte und mich auf den Kopf schlug. Es war, als Mutter mir eine Ohrfeige gab." Nichts wirkt sich für die Persönlichkeit eines Menschen schädlicher aus als ein Schlag ins Gesicht.

Das ist so demütigend, so niederträchtig, so bis ins Tiefste entmenschlichend. Es vernichtet etwas, das zu unserem Menschsein gehört. Aber unser verwundeter Heiler versteht uns. Er weiß, was es bedeutet, auf den Kopf geschlagen und geohrfeigt zu werden. Ihn berühren die Gefühle, die von diesen Verletzungen her in uns aufsteigen. Er besitzt ein Gefühl für die Probleme, die uns betreffen. Er möchte heilen. Er möchte, dass wir gewahr werden, dass er uns nicht wegen unserer Gefühle böse ist. Er versteht uns.

Das Kreuz

Gehen wir noch weiter, bis zum Kreuz. Sie verspotteten ihn, schüttelten den Kopf und sagten: „Wenn du Gottes Sohn bist, so steig vom Kreuz herab" (Matth. 27,40). Sie verlachten ihn, sie beschimpften ihn, sie verspotteten ihn. Verlachen, Kopfschütteln, Verspotten, Beschimpfen, Naserümpfen – diese Worte bringen uns die wachsenden Schmerzen und die demütigenden Verletzungen unserer Jugendjahre in Erinnerung.

Ich bin bewegt über die schmerzlichen Anblicke und Laute von Erwachsenen, wenn sie sich an ihre Jugendzeit erinnern. Die Laute, die ihnen nur allzu oft in Erinnerung kommen, sind Spottlaute, Spottnamen wie Klugscheißer, Dickerchen, Ungeschickter, Pickelgesicht, Hautausschlag. Oder man erinnert sich schmerzlich an die schreckliche Spange für vorstehende Zähne. Fügen Sie Ihre eigenen Erlebnisse ein. Die Grausamkeit von Kindern gegeneinander ist ein Teil des Lebens.

Jesus weiß, wie uns zumute ist, wenn wir von einem Freund abgewiesen werden, wenn uns ein Liebhaber abschüttelt, wenn eine Menschengruppe uns verspottet. Um es mit Jesaja zu sagen: „Er hatte keine Gestalt noch Schöne; wir sahen ihn, aber da war keine Gestalt, die uns gefallen hätte. Er war der Allerverachtetste und Unwerteste, voller Schmerzen und Krankheit. Er war so verachtet, dass man das Angesicht vor ihm verbarg; darum haben wir ihn für nichts geachtet" (Jes. 53,2-3). Ja, er war ein Mann der Sorgenlasten und mit Kummer vertraut (wörtlich englische Übersetzung von Jesaja 53,3).

Wenn wir voll Kummer sind, kann er mit uns mitfühlen. Bei dem Einsamen, der Witwe, dem Geschiedenen, versteht er, was es heißt, allein zu sein. Er kennt das Gefühl, dass uns buchstäblich ein Teil unseres Selbst entrissen wurde.

Studien zeigen, dass die beiden Faktoren, die im körperlichen, seelischen und emotionalen Bereich den größten Stress hervorbringen, der Tod eines Ehegatten und eine Ehescheidung sind, wobei eine Ehescheidung manchmal schlimmer sein kann. Der Tod eines Ehegatten hinterlässt, obwohl er schmerzlich ist, wohl immer eine saubere Wunde. Eine Ehescheidung hinterlässt eine schmutzige, infizierte Wunde, die vor Schmerzen pocht. Jesus versteht es, was es für einen Elternteil heißt, Mann und Frau, Mutter und Vater gleichzeitig zu sein.

Kennt er auch das allerschlimmste Gefühl unserer Schwachheiten – wenn wir nicht mehr beten können? Wenn wir uns von Gott selbst verlassen vorkommen? Das apostolische Glaubensbekenntnis sagt: „Er fuhr hinab zur Hölle." Als Christus am Kreuz hing, wurde selbst der Himmel erschreckend taub. Jesus schrie in seiner Todesangst um Hilfe, aber es kam keine Antwort. „Mein Gott, mein Gott, warum hast du mich verlassen? Ich heule, aber meine Hilfe ist ferne. Mein Gott, des Tages rufe ich, so antwortest du nicht" (Ps. 22,1-2). Gott versteht den Schrei der Verlassenheit. Er weiß, wie sich unsere Schwächen „anfühlen".

Wenn es im Glaubensbekenntnis heißt, dass Christus zur Hölle hinabgefahren ist, dann bedeutet das, dass Jesus Christus jede Furcht, alle Schrecken, jedes Angstgefühl durchlitten hat, in die wir geraten, wenn wir zutiefst am Boden liegen, wenn wir uns ganz verlassen und niedergeschlagen fühlen. Deshalb gibt es kein einziges Gefühl, das wir ihm nicht bringen dürfen. Wir brauchen nicht mit Schuldgefühlen oder einem schamroten Gesicht zu kommen. Wir sollen uns ihm zuversichtlich nahen, weil wir wissen, dass er nicht nur mit uns mitfühlt, sondern dass er uns heilen möchte. Er lässt uns nicht allein, sondern der Heilige Geist hilft unserer Schwachheit auf (Röm. 8, 26). Was Jesus als Mensch erlebt hat, das ist jetzt in der Gegenwart des Heiligen Geistes bei uns, der uns in unseren Schwachheiten hilft, mit uns daran Anteil nimmt, um sie zu heilen.

Die junge, schöne, lebenslustige und athletische Joni Eareckson schlug auf einen Stein auf, als sie in einem See tauchte. Seitdem ist sie vom Hals abwärts total gelähmt. Sie malt Bilder mit einem Pinsel im Mund. Ihr Zeugnis ist durch ihre Bücher und durch den Film über ihr Leben auf der ganzen Welt bekannt geworden.

Joni durchlitt in einer verzweifelten Nacht ihre völlige Hilflosigkeit und bat eine Freundin, ihr Tabletten zu geben, damit sie sterben konnte. Als die Freundin ihr das abschlug, dachte sie: Noch nicht einmal selbst sterben kann ich. Das Leben wurde für Joni eine richtige Hölle. Schmerzen, Wut, Bitterkeit und seelische Qual erschütterten ihr Gemüt. Stechende Nevenschmerzen verbreiteten sich über ihren ganzen Körper. Das ging drei Jahre lang so. Dann begann eines Nachts bei Joni eine dramatische Wende, die sie zu der schönen, strahlenden, gläubigen Christin werden ließ, die sie jetzt ist. Ihre beste Freundin Cindy saß an ihrem Bett und suchte verzweifelt nach etwas, womit sie ihr Mut zusprechen konnte. Es muss ihr durch den Heiligen Geist eingegeben worden sein, denn plötzlich sprudelte es aus ihr heraus: „Joni, Jesus weiß, wie dir zumute ist. Du bist nicht die einzige Gelähmte. Er war auch gelähmt."

Joni starrte sie an. „Cindy, wovon redest du?"

„Es stimmt, Joni. Er war ans Kreuz genagelt. Sein Rücken war wund von den Schlägen, so wie dein Rücken auch manchmal wund wird. Wie muss er sich danach gesehnt haben, sich bewegen zu können, seine Lage zu verändern, sein Gewicht zu verlagern. Doch er konnte sich nicht bewegen. Joni, er weiß, wie dir zumute ist."

Cindys Worte gingen Joni zu Herzen. Sie hatte das zuvor noch nie bedacht. Der Sohn Gottes hatte die stechenden Gefühle selbst durchlitten, die ihren Körper peinigten. Der Sohn Gottes kannte die Hilflosigkeit, die sie durchlebte.

Später sagte Joni einmal: „Gott kam mir so unglaublich nahe. Ich hatte es erlebt, wie anders es ist, wenn einem seine Freunde und seine Familie Liebe erweisen. Ich begann zu merken, dass Gott auch mich liebt."

Als gläubige Christen danken wir Gott, dass Jesus unsere Sünden an seinem Leibe auf das Holz trug.

Wir müssen uns aber auch noch etwas anderes immer wieder ins Gedächtnis rufen: Als er sich unserem Menschsein völlig gleichstellte, und das vor allem am Kreuz, nahm er auch unsere Gefühlswelt auf sich. Er trug das Gefühl von unseren Schwachheiten, damit wir sie nicht alleine tragen müssen.

„Wir haben keinen übermenschlichen Hohenpriester, dem unsere Schwachheiten uneinsichtig sind – er selbst hat vollen Anteil an dem, was wir erlebt haben" (Hebr. 4,15 nach einer modernen engl. Übersetzung). Diese Gewissheit gibt uns den Grund zu unserer Hoffnung und zu unserer Heilung. Die Tatsache, dass Gott nicht nur von uns weiß und für uns sorgt, sondern dass er uns völlig versteht, ist der Faktor, der bei der Heilung unseres beschädigten Gefühlslebens ausschlaggebend ist.

4. Satans verderbenbringendste Waffe

„Zuletzt, meine Brüder, seid stark in dem Herrn und
in der Macht seiner Stärke. Ziehet an die Waffen-
rüstung Gottes, dass ihr bestehen könnt gegen die
listigen Anläufe des Teufels. Denn wir haben nicht mit
Fleisch und Blut zu kämpfen, sondern mit Fürsten und
Gewaltigen, nämlich mit den Herren der Welt, die in
der Finsternis dieser Welt herrschen, mit den bösen
Geistern unter dem Himmel ... Und betet stets in allen
Anliegen mit Bitten und Flehen im Geist, und wachet
dazu mit allem Anhalten.“
(Epheser 6,10-12.18)

„Auf dass wir nicht übervorteilt werden vom Satan,
denn uns ist nicht unbewusst, was er im Sinn hat.“
(2. Korinther 2,11)

Die Vorstellung, die uns die Bibel von Satan liefert,
ist anders als die landläufige. In der Bibel ist er nicht
das komische Geschöpf, wie ihn Karikaturen darstellen, mit Hörnern, Schwanz, Heugabel und mit langen roten Unterhosen bekleidet. Vielmehr ist Satan
ein kluger, listiger und gefährlicher Widersacher
(1. Petrus 5,8). Weil er der Geist dieser Welt ist, kennt
Satan unsere Schwächen, unsere Schwachheiten und
nutzt sie zu seinem Vorteil gegen uns. Die Bibel
spricht nicht so sehr von der Macht Satans, als vielmehr davon, dass er äußerst listig, trickreich und
betrügerisch ist. Er gebraucht kluge Listen und Rän-
ke, Anschläge und Vorsätze. Er weiß, wie er unsere
Schwächen ausnutzen kann, um uns zu entmutigen,

zu enttäuschen und um uns dahin zu bringen, dass wir Christus den Rücken kehren. Von Satan heißt es, dass er ein brüllender Löwe ist, der umhergeht und sucht, wen er verschlingen kann (1. Petr. 5,8). Paulus schreibt von den bösen Mächten der Finsternis, gegen die wir kämpfen (Eph. 6,12). Und im Dunklen werden wir am leichtesten angegriffen und verführt.

Geringes Selbstwertgefühl

Eine der stärksten Waffen aus Satans Waffenkammer ist psychischer Terror. Dazu gehört die Furcht, der Zweifel, Zorn, Feindschaft, Sorge und natürlich auch die Schuld. Eine lange bestehende Schuld lässt sich nur schwer abschütteln; sie hängt sich auch dann noch an uns, wenn man Christ geworden ist und die vergebende Gnade in Anspruch genommen hat.

Ein bedrängendes Gefühl der Selbstverdammung schwebt über vielen gläubigen Christen wie der Smog über einer Großstadt. Sie sind niedergestreckt von der stärksten psychologischen Waffe, die Satan gläubigen Christen gegenüber anwendet. Diese Waffe wirkt wie eine tödliche Rakete. Ihr Name? Geringes Selbstwertgefühl!

Ein bedrückendes Gefühl von Minderwertigkeit, von Nichtbestehenkönnen und niedrigem Selbstwert. Es hält viele gläubige Christen in Fesseln, obwohl sie herrliche Glaubenserfahrungen gemacht haben und Gottes Wort kennen. Obwohl sie sich ihrer Stellung als Söhne Gottes bewusst sind, sind sie mit Stricken gefesselt an ein schreckliches Minderwertigkeitsgefühl. Sie liegen an der Kette eines tiefen Gefühls ihrer eigenen Wertlosigkeit.

Es gibt vier verschiedene Arten, in denen Satan diese seine tödlichste Waffe im Bereich des Seelen- und Gefühlslebens einsetzt und Niederlagen und Versagen in unser Leben bringt.

1. *Ein geringes Selbstwertgefühl lähmt unsere inneren Kräfte.* Als Verkündiger habe ich die schreckliche Wucht des Minderwertigkeitsgefühls kennen gelernt. Ich habe zuschauen müssen, wie seelische Kräfte in tragischer Weise verloren gingen, wie das Lebensgefühl verwässert wurde, wie Gaben brachlagen und eine echte Goldmine menschlicher Kräfte und Fähigkeiten stilllag. Und innerlich habe ich geweint.

Ist uns eigentlich bewusst, dass auch Gott darüber weint? Er ist darüber nicht zornig, sondern tief betrübt. Er weint darüber, dass unsere seelischen Kräfte durch unser geringes Selbstwertgefühl gelähmt sind. Die Kosten sind deshalb so hoch, weil wir anscheinend alle dagegen anzukämpfen haben. Es gibt nur ganz wenige, die die sich jagenden Selbstzweifel und die dahinschleichenden Enttäuschungen völlig überwunden haben, wer sie eigentlich sind und was noch aus ihnen werden soll. Das geringe Selbstwertgefühl belastet uns schon in der Wiege, es verfolgt uns im Kindergarten und verschlimmert sich dann in den Reifejahren. Später setzt es sich dann im Leben vieler Erwachsenen fest wie eine große Wolkenwand, die viele Menschen tagtäglich einhüllt. Manchmal hebt sie sich etwas, aber stets kehrt sie zurück und versucht uns, die Lebenslust zu nehmen.

Unter gläubigen Christen ist das zu einer richtigen Pest geworden. Der christliche Psychologe Jim Dobson berichtet von einer Erhebung, die er einmal an einer größeren Gruppe von Frauen anstellte. Die meisten von ihnen waren verheiratet, erfreuten sich blühender Gesundheit, hatten glückliche Kinder und waren finanziell abgesichert. Dr. Dobson nannte zehn Gründe für eine Depression. Er bat die Frauen, sie in der Reihenfolge zu nummerieren, wie sie auf ihr Leben zutrafen. Die Liste lautete folgendermaßen:

Keine romantische Liebe in ihrem Eheleben
Konflikte mit Schwiegereltern, Schwägern oder Schwägerinnen
Geringes Selbstwertgefühl
Probleme mit Kindern
Finanzielle Schwierigkeiten
Einsamkeit, Isolierung, Langeweile
Sexuelle Probleme in der Ehe
Gesundheitliche Probleme
Erschöpfung und Zeitdruck
Altwerden

Die Frauen nummerierten diese Gründe nach der Häufigkeit der Depressionen, die bei ihnen vorkamen. Was stellte sich bei allen als das Schwerwiegendste heraus?

50 % dieser gläubigen Frauen setzten an die erste Stelle geringes Selbstwertgefühl. Bei 30 % stand es an zweiter oder dritter Stelle. Erkennen wir, wie viele seelische und geistliche Kräfte unnütz verloren gehen? Die Frauen kämpften mit Depressionen, die in der Hauptsache von den niederziehenden Gefühlen des geringen Selbstwertgefühls kamen. Jesus hat ein Gleichnis über anvertraute Talente erzählt. Der Mann, der nur ein Talent hatte, verhielt sich untätig. Weil er sich davor fürchtete, ein Versager zu sein, investierte er sein Talent nicht, sondern vergrub es in die Erde und versuchte, so auf Nummer Sicher zu ge-

hen. Sein Leben war ein eingefrorenes Guthaben, es war eingefroren von der Furcht, von seinem Herrn verworfen zu werden, von der Furcht, ein Versager zu sein, von der Furcht, ein Risiko einzugehen. Er tat das, was viele Menschen tun, die ein geringes Selbstwertgefühl besitzen, nämlich nichts. Und genau das möchte Satan, dass wir uns auch so verhalten, dass wir uns so einwickeln lassen, dass wir gebundene Leute sind, eingefroren, gelähmt und eine Beschäftigung aufnehmen und ein Leben führen, das weit unter unserer Befähigung liegt.

2. Das geringe Selbstwertgefühl zerstört unsere Träume und Visionen. Wir kennen wohl alle das alte Sprichwort: „Neurotiker sind Menschen, die Luftschlösser bauen; Psychotiker sind solche, die darin einziehen, und Psy-chiater sind die, die die Miete kassieren."
Ich möchte aber gar nicht von Tagträumen und Fantastereien sprechen. Wir können nicht *in* unserer Traumwelt, wir können auch nicht *von* unserer Traumwelt, aber wir können *durch* unsere Traumwelt leben. Eines der Merkmale des Pfingstereignisses, das von Joel geweissagt wurde und sich in der Apostelgeschichte erfüllte, war, dass, als der Heilige Geist ausgegossen wurde, die Jungen Gesichte sehen und die Alten Träume haben sollten (Apg. 2,17). Der Heilige Geist hilft uns, kühne Träume zu haben und Gesichte zu sehen, die uns zeigen sollen, was Gott für und in uns und vor allem durch uns wirken kann.
Heute gebrauchen viele das Wort Vision. „Wenn keine Offenbarung (wörtlich Vision) da ist, geht das Volk zugrunde" (Spr. 29,18). Und wenn wir uns falsche Vorstellungen über uns selbst machen, wenn wir uns ein Bild von uns aus unserem geringen Selbstwertgefühl heraus machen, wie minderwertig und

unfähig wir sind, werden wir uns sicherlich selbst zugrunde richten. Unsere Träume werden zerstört werden, und Gottes großer Plan für unser Leben wird sich nicht erfüllen. Am anschaulichsten wird uns das im Alten Testament im 4. Buch Mose, Kapitel 13 und 14, vor Augen geführt. Gott hatte seinem Volk etwas zu offenbaren, es war ein kühner, schöner Traum. Er gab ihnen in ihre Herzen und Gedanken das Bild vom Gelobten Land ein, in dem Milch und Honig floss, ein Land, das sie besitzen sollten.

Gott brachte sie bis zur Grenze des verheißenen Landes. Mose bekam seine Aufträge vom Herrn und schickte dann Spähtrupps ins Land, um es zu erkunden. Mose wählte die allerbesten Männer von jedem Stamm aus. Und er erwartete, dass die Verhältnisse in Kanaan sich voll mit Gottes Verheißungen decken würden. Im gewissen Sinn war das auch der Fall, denn alle Kundschafter sagten übereinstimmend: „Das Land ist fantastisch. Schaut euch einmal das Obst an – wir haben noch nie solche Trauben und Granatäpfel gesehen. Und der Honig ist der süßeste, den wir je geschmeckt haben" (4. Mose 13,23).

„Aber die Menschen dort sind unglaublich groß. Und die Städte – das sind gar keine Städte, das sind Befestigungen. Und die Enakiter vom Geschlecht der Riesen – vor ihnen kommen wir uns nur wie Heuschrecken vor" (4. Mose 13,31-33).

Man kann sich wohl kaum ein geringeres Bild von sich selbst machen, als sich als Heuschrecke anzusehen. Die Kundschafter begannen zu klagen und sich zu ängstigen. Nur Josua und Kaleb wussten es anders. O ja, in den Tatsachen stimmten sie völlig überein. Ihre Betrachtungen waren dieselben, aber weil ihre Erkenntnisse andere waren, waren auch die Folgerungen, die sie zogen, andere. Warum? Weil Kaleb einen anderen Geist hatte. Hier liegt die Antwort. Er hatte keine Gottesvorstellungen, wie sie ein Wurm hat. Er und Josua betrachteten sich nicht als Heuschrecken. Sie sagten: „Natürlich sind die Leute groß, aber ihr braucht keine Angst zu haben. Der Herr ist mit uns!"

Mir gefällt die derbe hebräische Ausdrucksweise, deren sich Kaleb und Josua bedienten: „Wir werden sie fressen wie Brot. Wir kümmern uns nicht darum, wie groß sie sind, wir werden sie fressen wie Brot, und wir können das tun, weil es so Gottes Wille ist. So erträumt es sich Gott, und es ist sein Wohlgefallen, das in uns und durch uns zu tun. Er wird unseren Traum wahr werden lassen und wird uns unser Land geben" (4. Mose 14,8-10).

Der großartige Plan Gottes, die ganze Bestimmung, für die er das Volk aus der Sklaverei Ägyptens errettet und befreit hatte, wurde 40 elende Jahre lang in der Wüste umgeleitet und verzögert. Gott hatte nicht von einem neurotischen Luftschloss gesprochen. Es verhielt sich tatsächlich so – Obst und Honig, Land und Städte –, dass Gott ihnen all das geben wollte und dass sich das alles in ihrer Reichweite befand. Das Ziel war gegeben und Gott war bereit, aber die Leute waren nicht bereit, weil es ihnen an Vertrauen und an einem guten Selbstwertgefühl fehlte. „Wir sind wie Heuschrecken." Sie vergaßen, dass sie Kinder Gottes waren. Sie vergaßen, wer sie waren und was sie waren.

Wir haben diese Botschaft heutzutage so bitter nötig. Wir umhüllen viele von unseren Befürchtungen mit einer krankhaft geheiligten Selbsterniedrigung. Wir bedecken diese Selbstverachtung mit frommen

Worten und nennen das Hingabe und Kreuzigung des eigenen Ichs. Es wird höchste Zeit, dass wir einmal etwas Kühnes träumen. Es wird Zeit, dass wir in einem viel größeren Ausmaß vor der Welt Zeugnis ablegen. Was hält uns davon ab? Es ist die Furcht vor Kritik, die Furcht davor, ein Risiko einzugehen, und die Furcht vor unserer Zuhörerschaft. Mit unserem niedrigen Selbstwertgefühl machen wir Gottes Plan zunichte, den er für uns hat – für uns, die wir doch sein Leib sind.

Was ist aus unserem Traum geworden? Wo ist die Offenbarung, die Gott uns gegeben hat? Wodurch ist unsere Vision zunichte geworden? Durch unsere Sünden, unsere Übertretungen und unsere schlechten Gewohnheiten? Das bezweifle ich. Vielleicht ist unsere Vision dadurch aufgehalten oder zerstört worden, weil Satan es fertig gebracht hat, dass wir uns wie eine Heuschrecke oder wie ein Wurm vorkommen. Deshalb haben wir nie unsere volle Befähigung erkannt, die wir als Söhne und Töchter Gottes haben. Wir sind erfüllt von Furcht und Zweifel, von Gefühlen der Minderwertigkeit und Unzulänglichkeit.

Wie weit wäre William Carey, der große Indienmissionar, wohl gekommen, wenn er keine Vision gehabt hätte? Er hat das folgendermaßen ausgedrückt: „Lasst uns Großes von Gott erwarten, lasst uns Großes für Gott unternehmen!"

Wenn man ein niedriges Selbstwertgefühl hat, gehen solche göttlichen Träume zugrunde. Ein Mangel an Vertrauen auf Gott erhält oft dadurch Nahrung, dass wir das unterbewerten, was er durch uns tun will.

3. Ein niedriges Selbstwertgefühl zerstört die Gemein-

schaft. Überdenken wir einmal unsere Gemeinschaft mit Gott selbst. Es ergibt sich zwangsläufig: wenn ich mich für minderwertig oder wertlos halte, folgere ich zugleich, dass Gott mich gar nicht liebt und sich nicht um mich kümmert. Das führt dann zu den inneren Fragen und Verstimmungen, die zerstörerisch an unserer Gemeinschaft mit Gott nagen. Trägt er nicht doch mit Schuld daran, dass ich so bin, wie ich bin? Warum hat er mich so geschaffen, wie ich bin? Warum hat er nichts Besseres aus mir gemacht? Anderen geht es gut, mir nicht.

Wenn wir aber dem Plan Gottes gegenüber kritisch eingestellt sind, dauert es gar nicht lange, bis wir einen Widerwillen gegen den Planer selbst empfinden. So wird unsere Gottesvorstellung befleckt und unsere Gedanken über sein Verhalten geraten auf ein falsches Gleis, was schließlich unsere Gemeinschaft mit ihm zerstört.

Eine niedrige Selbsteinschätzung verdirbt auch die Gemeinschaft mit anderen. Satan benutzt unsere nagenden Minderwertigkeits- und Unzulänglichkeitsgefühle dazu, dass er uns isoliert. Denn die bequemste Art, um mit Minderwertigkeitsgefühlen fertig zu werden, ist die, sich abzukapseln und so wenig Kontakt mit Menschen wie nur irgend möglich zu pflegen und nur gelegentlich seine Nase herauszustrecken, um zu sehen, was alles so in der Welt los ist.

Christus hat uns ebenso aufgetragen, unsere Nächsten zu lieben, wie wir uns lieben sollen. Deshalb ist es für das Verhalten eines gläubigen Christen und für seine Gemeinschaft mit anderen grundlegend wichtig, eine gesunde Einstellung zu sich selbst zu haben. Nur dann können wir etwas an andere weitergeben. Wenn wir uns entwerten, werden wir im

Übermaß von uns durch uns selbst vereinnahmt und haben dann nichts übrig, was wir an andere weitergeben können.

Mit was für Leuten lässt es sich am schlechtesten auskommen? Mit denen, die sich selbst nicht mögen. Weil sie sich selbst nicht mögen, mögen sie auch andere nicht. Ein niedriges Selbstwertgefühl zerstört die Verbindung zu anderen Menschen mehr als irgendetwas sonst.

Ein niedriges Selbstwertgefühl drängt uns, andere zu belasten und von ihnen zu erwarten, ja zu fordern, das für uns zu tun, was kein anderer tun kann. Das legt dann anderen, dem Ehemann oder der Ehefrau ebenso wie Kindern, Freunden, Nachbarn oder der Gemeinde, eine zu hohe Verantwortung auf. Wir selbst aber werden argwöhnisch, feindselig oder kriecherisch. Gott möchte, dass wir in unserer eigenen Schönheit erblühen, dass wir das Unsere dazu tun, dass sein Garten bunt und schön wird.

4. Ein niedriges Selbstwertgefühl sabotiert unseren Dienst für den Herrn. Was ist das größte Hindernis, das die Glieder am Leibe Christi davon abhält, funktionsfähige Teile des Leibes zu sein? Was geben wir für Antworten, wenn man uns geistlich fordert?

Eine Bibelstunde halten? – „Ich kann mich nicht vor die Leute stellen!" An der Frauenversammlung teilnehmen? – „Nein, das kann ich nicht!" Bei anderen an die Türen klopfen? – „Da würde ich Todesängste ausstehen!" Im Chor mitsingen? – „Fragen Sie doch Maria! Sie hat eine viel bessere Stimme!"

Wir Verkündiger des Wortes Gottes ertrinken fast in der Sturzflut der Selbsterniedrigung, die sich über uns ergießt, wenn Gemeindeglieder sich entschuldigen, dass sie nicht für das Reich Gottes arbeiten können. Ich spreche nicht davon, dass man einen viereckigen Haken in ein rundes Loch stecken soll. Es kann nicht jeder alles tun. Ich kenne Leute in der Gemeinde, die sagen: „Herr Pfarrer, ich habe eine schwere Zunge. Ich habe keine Gabe dazu, in der Öffentlichkeit aufzutreten, aber ich kann etwas anderes tun." Jeder kann etwas tun und von seiner Begabung eine Gabe an den Leib Christi abgeben.

Haben wir schon erkannt, dass Gott keine strahlenden Helden nimmt, um sein Werk auszuführen? Prüfen Sie es doch einmal selbst nach, von Mose, der sich beeilte, Gott einen Vortrag über sein Stottern zu halten, bis zum Muttersöhnchen Markus, der Paulus und Barnabas davonlief. Paulus hat Recht, dass nicht viele Weise und Edle und Hervorragende erwählt sind. Gott sucht sich Leute mit Unzulänglichkeiten und Schwächen aus, legt ihnen eine Arbeit vor und stattet sie dann mit genügend Gnade aus, sie auch zu tun. In dieser Mannschaft befinden sich nicht viele Weise, nicht viele Edle, nicht viele Übermenschen, nicht viele Wundermenschen (1. Kor. 1,26-31).

Es ist notvoll, dass unser niedriges Selbstwertgefühl Gott wunderbare Möglichkeiten raubt, seine Macht und Stärke in unseren Schwächen zu erweisen. Paulus sagt: „Daher will ich mich am liebsten meiner Schwachheiten rühmen." Warum? Weil sie Gott eine ganz wunderbare Möglichkeit boten, seine Vollkommenheit zu erweisen (2. Kor. 12,9-10). Es sabotiert den Dienst für den Herrn sehr, wenn man so gering von sich denkt, dass man Gott damit gar nicht die Möglichkeit lässt, seine Herrlichkeit zu erweisen.

In einem indischen Dorf wurde ein Bazar abgehalten, auf dem viele Waren angeboten wurden. Ein Bauer verkaufte Wachteln. Er hatte jedem Vogel eine

Schnur um ein Bein gelegt. Die anderen Enden aller Schnüre waren zum Ring gebunden, der in der Mitte lag und von einem Stock festgehalten wurde. Die Wachteln marschierten so angebunden trübselig im Kreis umher wie Maultiere an einer Hirsemühle. Ein frommer Brahmane, der überzeugt war, dass man Ehrfurcht vor dem Leben haben müsse, erkundigte sich nach dem Preis für die Wachteln und sagte dann zu dem Kaufmann: „Ich möchte sie alle kaufen." Der Kaufmann war überaus erfreut. Nachdem er sein Geld eingesteckt hatte, sagte der Brahmane: „Jetzt möchte ich ihnen die Freiheit schenken. Schneiden Sie ihnen die Schnüre von den Füßen und lassen Sie sie los." Mit seinem Messer zerschnitt der Bauer die Schnüre an den Beinen der Wachteln und ließ sie frei. Was geschah? Die Wachteln marschierten weiter im Kreis herum. Schließlich musste er sie fortscheuchen. Sie landeten in einiger Entfernung und bewegten sich wieder im Kreis. Sie waren frei, sie waren losgebunden, sie waren freigelassen, und doch marschierten sie weiter im Kreis, als ob sie noch festgebunden seien.

Erkennen wir uns in diesem Bild? Wir sind frei, wir haben Vergebung erlangt, wir sind Söhne und Töchter Gottes, wir gehören zu seiner Familie, aber wir halten uns noch für Würmer oder Heuschrecken. Ein niedriges Selbstwertgefühl ist Satans tödlichste psychologische Waffe. Es kann so weit kommen, dass wir uns noch im Kreis der Furcht und Nutzlosigkeit bewegen.

5. Heilung für unser niedriges Selbstwertgefühl – Teil 1

„Sehet, welch eine Liebe hat uns der Vater erzeigt, dass wir Gottes Kinder sollen heißen! Darum kennt euch die Welt nicht, denn sie kennt ihn nicht. Meine Lieben, wir sind nun Gottes Kinder, und es ist noch nicht erschienen, was wir sein werden. Wir wissen aber, wenn es erscheinen wird, dass wir ihm gleich sein werden; denn wir werden ihn sehen, wie er ist."
(1. Johannes 3,1-2)

Vor Jahren hat ein berühmter Spezialist für plastische Chirurgie, einen Bestseller herausgegeben mit dem Titel „Ein neues Gesicht – eine neue Zukunft". Es handelt sich dabei um eine Sammlung von Fällen, in denen die plastische Gesichtschirurgie Menschen den Weg zu einem neuen Leben geöffnet hatte. Das Anliegen des Buches war folgendes: Es findet eine erstaunliche Persönlichkeitsveränderung statt, wenn sich das Gesicht eines Menschen verändert. Im Laufe der Jahre begann er jedoch etwas anderes in Erfahrung zu bringen, und zwar nicht auf Grund seiner Erfolge, sondern auf Grund seines Scheiterns. Er beobachtete, wie ein Patient nach dem anderen sich trotz einer plastischen Gesichtsoperation nicht änderte. Leute, die nicht bloß annehmbar, sondern sogar richtig schön geworden waren, hielten sich auch weiterhin für ein hässliches Entlein und handelten dementsprechend. Sie hatten neue Gesichter bekommen, aber sie trugen weiterhin dieselben alten Persönlichkeitsmerkmale. Noch schlimmer war, dass sie mit dem Blick in den Spiegel den Arzt voll Ärger anschrien: „Ich sehe genauso aus wie früher. Sie haben gar nichts verändert." Und das, obwohl ihre Freunde und Familienmitglieder sie kaum wiedererkannten. Obwohl Fotoaufnahmen, die davor und danach gemacht worden waren, sich drastisch voneinander unterschieden, beharrten die Patienten darauf.

1960 schrieb Dr. Maltz seinen Bestseller „Steuerungsmechanismen des Seelenlebens". Er versuchte immer noch, Menschen zu verändern, und zwar nicht dadurch, dass er vorstehende Kinnladen korrigierte oder Narben glättete, sondern dadurch, dass er ihnen half, das Bild zu korrigieren, das sie von sich selbst hatten.

Dr. Maltz sagt, es ist so, als ob jede Persönlichkeit ihr eigenes Gesicht hat. Dieses seelische Bild einer Persönlichkeit scheint der eigentliche Schlüssel zu einer Veränderung zu sein. Wenn es entstellt und verzerrt, hässlich und minderwertig bleibt, dann spielt die betreffende Person weiterhin ihre Rolle, ohne die Veränderung in ihrem körperlichen Erscheinungsbild zu berücksichtigen. Aber wenn das Bild der Persönlichkeit neu gestaltet werden kann, wenn die alten seelischen Narben entfernt werden können, dann kann auch der Mensch verändert werden.

Wir alle können dies aus den Erfahrungen bestätigen, die wir mit Menschen gemacht haben, und auch aus der Kenntnis unserer eigenen Persönlichkeit. Es ist ganz erstaunlich, wie das Bild, das wir von uns haben, unsere Handlungen und unsere Einstellung, vor allem aber unsere Beziehung zu anderen Menschen beeinflusst.

Hierzu ein Beispiel:

Marias Mann Hans hielt seine Frau für schön. Er sagte mir das, bevor sie jemals miteinander darüber gesprochen hatten. Als ich sie sah, stimmte ich ihm zu. Hans prahlte gerne anderen gegenüber mit ihr, und voll Liebe wurde er nie müde, Maria zu sagen, wie schön sie sei. Es machte ihm Freude, ihr hübsche Kleider und kleine Liebesgeschenke zu kaufen, damit sie noch attraktiver aussah. Nun wünscht sich das jede Frau in der Tiefe ihres Herzens von ihrem Mann. Aber bei Maria gab die Bewunderung, die ihr Mann für sie hegte, Anlass zu Problemen, denn Marias Bild von sich selbst war völlig anders als das, was Hans sah. „Du sagst das nur, um mir zu schmeicheln."

Hans fühlte sich verletzt und getroffen. Je mehr er versuchte, Maria davon zu überzeugen, dass er sie wirklich für schön hielt, desto höher wuchs die Schranke. „Ich weiß, wie ich aussehe", sagte sie. „Ich kann mich ja im Spiegel sehen. Du brauchst mir gar nichts vorzumachen. Warum liebst du mich denn nicht so, wie ich bin?" Und das ging immer wieder von vorne los.

Die Vorstellung, die sich Maria von sich selbst machte, hielt sie davon ab, Gott für die Gabe der Schönheit zu danken. Sie hielt sie davon ab, die Dinge so zu sehen, wie sie waren. Und was das Schlimmste war, sie hinderte sie daran, eine schöne, auf das Geschenk der Liebe aufgebaute Beziehung zu ihrem ihr sehr ergebenen Mann aufzubauen.

Was ist ein Bild oder eine Vorstellung von sich selbst eigentlich? Das Bild, das wir von uns selbst haben, baut sich auf aus einem ganzen System von Bildern und Gefühlen, die wir uns über uns selbst zurechtgemacht haben. Um diese Verbindung von Vorstellungswelt und Gefühlswelt auszudrücken, gebrauche ich oft die Wortverbindung Gefühlsvorstellung oder Vorstellungsgefühl; denn eine Vorstellung von sich selbst beinhaltet sowohl geistige Vorstellungen als auch seelische Gefühle. Wir haben eine ganze Palette von Gefühlsvorstellungen und Vorstellungsgefühlen über uns selbst. Sie befindet sich im Allerinnersten unserer Persönlichkeit. Und nirgendwo ist die Aussage der Bibel über das Herz und den Verstand angebrachter als hier: „Wie er in seinem Herzen denkt, so ist er" (Spr. 23,7 nach der wörtl. Übers.). Wie man sich selbst betrachtet und wie man sich im tiefsten Herzen seiner Persönlichkeit empfindet, so ist man und so wird man. Was man sieht und empfindet, bestimmt unsere Beziehungen zu anderen und zu Gott.

Diese Tatsache ist für junge Menschen besonders wichtig, denn nichts ist bedeutsamer für ein Wachstum im Glauben und für ein Reifen im Herrn als ein gutes, gesundes christliches Bild von sich selbst.

Es gibt drei Hauptbestandteile eines gesunden Bildes von sich selbst: Der erste ist ein *Zugehörigkeitsgefühl,* ein Gefühl, dass man geliebt wird. Es ist das Bewusstwerden dessen, dass man erwünscht ist, dass man angenommen wird, dass andere für einen sorgen, sich um einen kümmern und einen lieben. Ich persönlich bin der Meinung, dass dieses Gefühl schon vor der Geburt beginnt. Ich bin in der Seelsorge Menschen mit so tiefen seelischen Verletzungen begegnet, dass ich davon überzeugt bin, dass ihr Gefühl des Verstoßenseins sich auf das Verhalten ihrer Eltern vor ihrer Geburt zurückführen lässt. Wenn ein Kind unerwünscht ist, hat es wohl kaum ein Zugehörigkeitsgefühl.

Der zweite ist ein bestimmtes *Wertgefühl.* Das ist das innere Überzeugtsein: „Ich gelte etwas. Ich habe einen Wert. Ich habe etwas zu bieten."

Der dritte ist das *Leistungsbewusstsein.* Es ist die Empfindung. „Ich kann diese Aufgaben ausführen; ich kann mit dieser Situation fertig werden; ich kann dem Leben entgegentreten." Wenn wir sie alle drei zusammenfassen, dann haben wir eine Dreiheit von Selbstwertgefühlen: Zugehörigkeitsbewusstsein, Wertbewusstsein und Leistungsbewusstsein.

Quellen des Ich-Bewusstseins

Es gibt vier Quellen, die einem Menschen dazu verhelfen, ein Ich-Bewusstsein aufzubauen: die Außenwelt, die Innenwelt, Satan mit allen Mächten des Bösen und Gott und sein Wort.

In diesem Kapitel wollen wir die *Außenwelt* betrachten, weil sie die Urquelle und der Nährboden ist, aus denen das Ich-Bewusstsein erwächst.

Unsere Außenwelt umschließt alle Faktoren, die in unseren Werdegang eingegangen sind: unsere Erbanlagen, unsere Geburt, unser Kleinkindstadium, unsere Kindheit und unsere Jugendzeit. Unsere Außenwelt ist unsere Lebenserfahrung bis auf den heutigen Tag. Unsere Erfahrung mit der Außenwelt sagt uns, wie man uns behandelt hat, wie wir erzogen wurden und wie wir in den frühen Jahren unseres Lebens auf andere reagiert haben. Sie spiegelt hauptsächlich unsere Eltern und Familienmitglieder wider und gibt an uns die Botschaften weiter, die sie uns auf Grund ihres Mienenspiels, ihrer Ausdrucksweise, ihrer Einstellung, ihrer Worte und ihrer Handlungen mitteilen.

George Herbert Mead, ein bedeutender Sozial-psychologe, verwendet einen interessanten Ausdruck, um zu beschreiben, wie ein Mensch sich der Außen-welt gegenüber verhält. Er bezeichnet es als das „Spie-gel-Ich". Ein Baby hat kaum eine Vorstellung vom Ich. Aber wenn es heranwächst, beginnt es allmäh-lich, Unterschiede zu erkennen und eine Vorstellung von sich selbst zu erwerben. Woher bekommt es sie? Von der Widerspiegelung der Reaktionen anderer Menschen, die für sein Leben bedeutend geworden sind.

Der Apostel Paulus lebte viele Jahrhunderte vor Dr. Mead. Im Zentrum des großen Liebeskapitels 1. Korinther 13, Verse 9-12, verwendet Paulus den-selben Gedanken, wo er vom Erwachsenwerden spricht: „Mein Wissen ist unvollkommen, einschließ-lich meines Wissens über mich selbst. Als ich ein Kind war, sprach ich wie ein Kind, dachte wie ein Kind und verhielt mich wie ein Kind. Als ich heranwuchs, legte ich meine kindische Art ab, und dennoch sehe ich immer noch wie in einem Spiegel, der mir nur Spiegelbilder liefert. Aber eines Tages wird mein Wis-sen vollkommen sein. Dann werde ich Gott und die Wirklichkeit von Angesicht zu Angesicht sehen. Jetzt kenne ich mich nur teilweise, aber dann werde ich völliges Verständnis haben, ebenso wie man mich dann völlig versteht. Mein augenblickliches teilweises Verständnis kommt daher, dass ich mich nur dunkel und trübe in einem Spiegel sehe."

Eine Eigentümlichkeit bei Kindern ist die, dass sie die Dinge nur teilweise erkennen und verstehen. Ein Teil des Heranwachsens und einer reiferen Form der Liebe besteht darin, dass man ein völligeres Verständ-

nis, ein Verständnis von Angesicht zu Angesicht erlangt. Unsere Vorstellungen und unsere Eindrücke
von uns selbst kommen hauptsächlich von den Bildern und den Vorstellungen, die wir in unseren Familienmitgliedern ausgedrückt finden – was wir in
ihrem Mienenspiel beobachten, was wir vom Klang
ihrer Stimme hören und aus ihren Handlungen erkennen. Diese Eindrücke sagen uns nicht nur, wer
wir sind, sondern auch, was aus uns einmal werden
wird. Wenn diese Eindrücke allmählich ein Teil unserer selbst werden, nehmen wir die Gestalt des Menschen an, den wir im Spiegel der Familie sehen.

Vielleicht sind wir schon einmal in einem Vergnü-
gungspark in den Spiegelsaal gegangen. In einem
Spiegel sahen wir uns groß und skelettförmig, und
unsere Hände waren so lang wie Füße. Im nächsten
waren wir rund wie ein Ballon. In einem weiteren
Spiegel waren wir beides gemeinsam, so dass wir von
der Taille aufwärts wie eine Giraffe und von der Taille
abwärts wie ein Nilpferd aussahen.

Es war sehr spaßig, so in den Spiegel zu schauen,
vor allem für die, die daneben standen. Die Spiegel
waren so konstruiert, dass wir uns entsprechend der
Krümmung des Glases sahen.

Wir wollen einmal diese Spiegel auf das Familienleben übertragen. Was wäre wohl, wenn alle, die in
unseren früheren Jahren eine bedeutende Rolle spiel-
ten, jeden verfügbaren Spiegel im Haus genommen
und sie so verkrümmt hätten, dass wir in jedem Spiegel ein verzerrtes Bild von uns selbst gesehen hätten?
Was wäre dann wohl geschehen? Es hätte gar nicht
lange gedauert und wir wären zu einer solchen Vorstellung von uns selbst gekommen, wie wir sie in den
Spiegeln sahen.

In unseren Freizeiten haben wir eine Versammlung, die wir „Stunde des offenen Herzens" genannt haben und in der uns die Leute ihre tiefsten Nöte mitteilen. Eine Frage, die wir uns in dieser Stunde stellen, lautet: „Was gibt es in unserem Leben, das uns davon abhält, Jesus Christus unser Bestes zu geben?"

Eines Abends teilte uns ein Pfarrer seine Erlebnisse mit. Er stand in den frühen Vierzigern, von stattlicher Gestalt, erfolgreich, im besten Mannesalter. Er war der Pfarrer einer großen und im Wachsen begriffenen Gemeinde. Aber er bekannte mit tiefer Gemütsbewegung, dass ihn die Angst umtrieb, seiner Aufgabe nicht gewachsen zu sein, und dass er ständig mit Minderwertigkeitsgefühlen zu tun hätte. Er war zu empfindlich gegenüber dem, was die Leute von ihm sagten, und die leichteste Kritik erzeugte bei ihm schon eine Gänsehaut. Seine Furchtsamkeit hielt ihn davor zurück, in der Arbeit für den Herrn eine fruchtbare Tätigkeit zu entfalten, zu der er, wie er meinte, von Gott berufen war. Nach dieser „Stunde des offenen Herzens" sagte ein Verantwortlicher seiner Gemeinde zu mir: „Dieser Pfarrer ist nun wirklich der Allerletzte, von dem ich so etwas erwartet hätte. Er sieht so gut aus und hat so viel Erfolg. Er führt ein prächtiges Familienleben, und seine Gemeinde steht wunderbar da. Ich wäre nie darauf gekommen, im Leben eines solchen Mannes solche Qualen zu suchen." Zufällig kannte ich die Familie jenes Pfarrers. Ich wusste, dass sein Vater ihn vernachlässigt hatte, und solch ein „Spiegelbild" ist sehr bedeutsam für ein Kind. Wenn ein Vater keine Zeit für sein Kind hat, dann spiegelt das eine bedeutsame Botschaft wider: „Du bist mir meine Zeit nicht wert; ich habe Wichtigeres zu tun." Ich wusste um die ständige

Zurücksetzung durch seinen Vater und auch um die honigsüße geistliche Art, in der seine Mutter stets versuchte, ihm zu helfen.

So wie sie ihm half, wurde er immer an das erinnert, was man von ihm erwartete oder wie man ihn mit seiner sehr klugen und hübschen älteren Schwester verglich. Ich kannte die zerstörerisch gekrümmten Spiegel der Vernachlässigung, des Mangels an Zuneigung, der Kritik und des Verglichenwerdens, durch die sein Selbstbewusstsein böse angeschlagen worden war. Diese Verletzungen und Wunden ließen 30 Jahre später seine Persönlichkeit krank werden, lahmten seine Einsatzfreudigkeit und sabotierten seinen Dienst für Gott.

Ich mache mich damit nicht auf die Suche nach dem Sündenbock. In dieser gefallenen und unvollkommenen Welt kommen alle Eltern nur unvollkommen ihren Elternpflichten nach. Die meisten Eltern, die ich kenne, geben ihr Bestes. Leider waren die meisten elterlichen Vorbilder, die sie hatten, bis hin zu Adam und Eva, auch nicht die allerglücklichsten. Kain und Abel haben gewiss viele Auseinandersetzungen und Spannungen miterlebt: ihr Zuhause war bestimmt kein glückliches, denn am Schluss tötete ein Bruder den anderen.

Obwohl wir alle schuldig sind, versuche ich nicht, jemand die Schuld zuzuschieben. Vielmehr möchte ich dazu verhelfen, dass wir Einsicht und Verständnis erlangen, so dass es uns gelingt, herauszufinden, wo wir Heilung brauchen und wieder ein echtes Selbstwertgefühl aufbauen müssen.

Brauchen wir für uns selbst neue „Spiegel"? Sehr viele Jugendliche brauchen das, und sehr viele Ehepaare brauchen das in der Erziehung ihrer Kinder.

Es hat einmal jemand gesagt: „Unsere Kindheit ist die Zeit unseres Lebens, in der Gott die Räume des Tempels bauen will, in denen er wohnen möchte, wenn wir erwachsen sind." Welch ein schöner Gedanke! Eltern haben das große Vorrecht und gleichzeitig die schwere Pflicht, dem Tempel seine Grundstruktur zu geben – die Vorstellung, die ein Kind von sich hat.

Wenn ein Kind davon überzeugt ist, dass es nur einen geringen Wert besitzt, wird es nur geringen Wert auf das legen, was es sagt oder tut. Wenn es für Leistungsunfähigkeit vorprogrammiert ist, dann wird es leistungsunfähig. Jemand sagte mir einmal, dass das, woran er sich am genauesten erinnerte, die Art war, wie sein Vater immer zu ihm sagte: „Das eine kann ich dir sagen, wenn man etwas falsch machen kann, dann bist du der, der es tut."

Wenn diese Art von niedrigem Selbstwertgefühl einmal in einen Menschen eingepflanzt ist, ist es schwierig und manchmal fast unmöglich, dass sich dieser Mensch von Gott geliebt, angenommen und würdig erachtet, dem Herrn zu dienen. Viele scheinbar geistliche Anfechtungen sind ihrer Herkunft nach gar nicht geistlich. Obwohl sie sich wie ein Gottesurteil über ein schuldig gewordenes Gewissen anhören und uns so vorkommen, kommen sie im Grunde nur von uns verdammenden und zugrunde richtenden Gefühlsvorstellungen, die ein niedriges Selbstwertgefühl hervorbringen.

6. Heilung für unser geringes Selbstwertgefühl – Teil 2

„Denn kaum wird sonst wohl jemand für einen Gerechten in den Tod gehen – für den Guten nämlich entschließt sich vielleicht noch jemand dazu, sein Leben zu lassen, Gott aber beweist seine Liebe zu uns dadurch, dass Christus für uns gestorben ist, als wir noch Sünder waren. So werden wir also jetzt, da wir durch sein Blut gerechtfertigt sind, noch viel gewisser durch ihn vor dem Zorn Gottes bewahrt werden. Denn wenn wir, als wir noch Feinde Gottes waren, mit ihm durch den Tod seines Sohnes versöhnt worden sind, so werden wir jetzt als Versöhnte noch viel gewisser Rettung finden durch sein Leben. Ja noch mehr; wir dürfen uns sogar Gottes rühmen durch unseren Herrn Jesus Christus, durch den wir jetzt die Versöhnung empfangen haben."
(Römer 5,7-11 nach Menge)

„Du sollst den Herrn, deinen Gott, lieben mit deinem ganzen Herzen, mit deiner ganzen Seele und mit deinem ganzen Denken. Dies ist das Hauptgebot, das obenan steht. Ein zweites aber ist ihm gleich: ,Du sollst deinen Nächsten lieben wie dich selbst.' In diesen beiden Geboten hängt das ganze Gesetz und die Propheten."
(Matthäus 22,37-40 nach Menge).

Die Vorstellung, die ein Mensch sich von sich selbst macht, ist ein System von Gefühlen und Vorstellungen, die er über sich selbst aufgebaut hat. Es sind vier Quellen, von denen wir unsere Vorstellungen über uns selbst beziehen.

Die erste Quelle ist die *Außenwelt,* die wir in Kapitel 5 betrachteten. Von dieser Außenwelt sehen wir in den Spiegeln unserer Familienmitglieder Bilder und Gefühle über uns selbst abgebildet. Von unserem frühesten gesellschaftlichen Bezug an entscheidet es sich, wer wir sind – wie man uns behandelt, wie wir geliebt werden und wie man für uns sorgt, und von den sprachlichen Umgangsformen, die wir lernen, wenn wir groß werden.

Die zweite Quelle ist unsere *Innenwelt,* die körperliche, seelische und geistige Ausrüstung, die wir in die Welt mitbringen. Das umfasst unsere Sinne, unsere Nerven, unsere Lernfähigkeit, unsere Aufnahmefähigkeit und unsere Reaktionsfähigkeit. Für manche von uns beinhaltet die Innenwelt auch Hemmungen, Verunstaltungen und Gebrechen.

Keine zwei Kinder sind gleich. Sie sind voneinander so verschieden wie zwei Schneeflocken. Was für Fehler können Eltern machen, die sich bei der Erziehung ihrer Kinder allein nach irgendwelchen Büchern richten, so als ob alle Kinder gleich wären. Wir Eltern wissen, wovon ich rede. Ein Kind ähnelt so sehr dem sprichwörtlichen Maultier. Es braucht den Stock, damit es auf das achtet, was gesagt wird, und um es zur Vernunft zu bringen. Ein anderes Kind dagegen ist empfindsam wie die Pflanze „Rühr-mich-nicht-an"; man braucht nicht einmal die Hand zu erheben oder laut zu reden. Es reagiert schon auf einen Blick. Diese Unterschiede bestehen auf Grund dessen, wer wir sind, und auf Grund unserer leib-seelischen Ausstattung.

Aber es gibt auch einen geistlichen Bestandteil. Und

hier unterscheiden wir uns von aller weltlichen, humanistischen und heidnischen Psychologie, die die menschliche Natur als im tiefsten Grund gut oder moralisch neutral ansieht. Wir als gläubige Christen tun das nicht. Gott hat uns in seinem Wort geoffenbart, dass wir nicht moralisch neutral in unser Leben gehen. Wir sind vielmehr Opfer einer grundsätzlichen Neigung zum Bösen, eines Hingezogenseins zu dem, was falsch ist.

Wir nennen das die Erbsünde (auch „die Ursünde"). Die Gesetze und die Grundsätze, die alle persönlichen Beziehungen und die menschliche Entwicklung überhaupt beherrschen, haben dafür gesorgt, dass die Sünde weitergereicht wurde, als unsere ersten Eltern sich mit Gott überwarfen und ein Leben der Selbstherrlichkeit und des Stolzes führten. Angefangen beim ersten Sündenfall von Adam und Eva hat es eine Kettenreaktion der Sünde gegeben im falschen Verhalten der Eltern, durch deren Versagen, deren Unkenntnis, deren Eigenliebe und, was das Allerschlimmste ist, deren auf Bedingungen aufgebauter Liebe.

Dieses von unseren Eltern überlieferte Erbe macht uns zu einem Opfer der allgemeinen Neigung zum Sündigen. Wir kommen nicht als etwas völlig Neutrales in diese Welt. Wir sind unvollkommen und haben eine Neigung zu dem, was falsch ist. Wir sind in unseren Beweggründen, unseren Wünschen und unseren Trieben aus dem Gleichgewicht. Wegen dieses Defekts in unserer Veranlagung ist unsere Verhaltensweise gestört.

Vor Jahren hörte ich einen Ausspruch, der für die Seelsorge äußerst hilfreich ist: „Kinder sind die größten Empfänger der Welt, aber sie sind die schlechtesten Ausleger." Kinder nehmen viele der Unvollkommenheiten auf, die sie umgeben, und wegen der in uns allen herrschenden Egozentrik missdeuten sie vieles von dem, was sie aufnehmen. Das beeinflusst in starkem Maße das Bild, das sie sich von sich selbst machen. Ohne Rücksicht darauf, wie gut Eltern mit ihren Kindern zurechtkommen, erreichen die meisten das Erwachsenenalter mit dem Gefühl: „Ihr seid in Ordnung, aber ich bin es nicht."

Die Bibel macht deutlich, dass wir nicht nur Opfer sind. Wir sind alle Sünder und haben Verantwortung dafür, wer wir sind und was aus uns wird. Ich habe noch nie erlebt, dass jemand wirklich geheilt wurde, wenn er nicht nur all denen vergab, die ihn verletzt und ihm Unrecht getan hatten, sondern auch von Gott die Vergebung für sein eigenes falsches Wesen und Verhalten erlangt hatte.

Satan ist eine dritte Quelle. Wir haben bereits erkannt, dass er eine Quelle für unser niedriges Selbstwertgefühl ist. Satan benutzt unsere Gefühle der Selbstverachtung als eine schreckliche Waffe in den drei Rollen, in denen er auftritt: Satan ist ein Lügner (Joh. 8,44), er ist der Verkläger (Offb. 12,10), und er ist der, der unsere Sinne verblendet (2. Kor. 4,4). In allen drei Rollen benutzt er unser Minderwertigkeitsgefühl, unsere Leistungsunfähigkeit und unser Sich-selbst-Schlechtmachen, um uns als Christen kampfunfähig zu machen und davon abzuhalten, alle unsere Fähigkeiten als Gotteskinder zum Einsatz zu bringen.

Die vierte Quelle unserer Vorstellung von uns selbst ist Gott. Damit betreten wir den Weg zur Heiligung weg von einer geringen Vorstellung über uns selbst zu einer neuen Vorstellung von uns aus dem Glauben heraus. Wir wenden uns von der Krankheit hin zur Heilung. Es gibt ganz praktische Schritte, die wir zur Heilung unseres niedrigen Selbstwertgefühls tun können.

Dabei gilt es zunächst, unsere falsche Gottesvorstellung zu berichtigen. Viele Christen haben ein Bild von Gott, das Sünde ist, obwohl sie es in ein frommes Gewand gehüllt haben. Auch wir haben vielleicht schon so aus einem Laster eine Tugend gemacht. Nun kann man aber nicht gleichzeitig falsch denken und richtig handeln. Man kann nicht dem Irrtum glauben und die Wahrheit praktizieren.

Viele erliegen dem Irrglauben, dass eine Haltung des Sich-selbst-Schlechtmachens etwas Gottgefälliges sei, christliche Demut und zu einem heiligen Leben gehöre. In Wahrheit ist es gar keine christliche Demut und widerspricht einigen grundlegenden Lehren des christlichen Glaubens völlig. Das wichtige Gebot ist, Gott mit unserem ganzen Wesen zu lieben. Das zweite Gebot ist eine Ausweitung des ersten, unseren Nächsten ebenso zu lieben wie uns selbst. Wir haben eigentlich keine zwei Gebote, sondern drei in einem: wir sollen Gott lieben, wir sollen uns selbst lieben, und wir sollen andere lieben. Ich habe das „uns selbst" bewusst an die zweite Stelle gerückt, weil Jesus ganz offenkundig eine rechte Liebe zu sich selbst zur Grundlage einer rechten Liebe zu unserem Nächsten gemacht hat. Die Bezeichnung „Liebe zu sich" hat für manche einen unguten Klang. Ob man das nun Selbstbewusstsein oder Selbstwertgefühl nennt, es handelt sich hier ganz offensichtlich um die Grundlage der christlichen Nächstenliebe. Das aber ist das Gegenteil von dem, was viele Christen glauben.

Vor Jahren kam ein Mann nach einer Predigt über diese Gebote Jesu zu mir und sagte: „Mein Leben lang habe ich bisher diese Worte Jesu nie richtig gehört."

Ich fragte ihn: „Wie meinen Sie das?"

„Als Sie predigten", antwortete er, „merkte ich plötzlich, dass ich mit den Lippen zwar nachgesprochen habe: ‚Liebe deinen Nächsten wie dich selbst', aber tief in mir hat es eigentlich immer geheißen: ‚Liebe deinen Nächsten, aber hasse dich selbst.' Und leider habe ich immer ganz genau so gelebt, wie ich das Gebot übersetzt habe."

Muss unsere Gottesvorstellung korrigiert werden? Wenn wir Gott, uns selbst und andere lieben, erfüllen wir das Gebot Gottes (Matth. 5,43-48). Darum ging es Jesus im Gegensatz zu den Pharisäern und Schriftgelehrten, diesen Grundsatz vom ewig gültigen Dreiecksverhältnis wiederherzustellen – rechte Liebe zu Gott, zu uns selbst und zu anderen. Dieses grundlegende Gesetz Gottes ist umfassend und wirkt hinein bis in jede Zelle unseres Körpers. Ein Mensch mit einem richtigen Selbstwertgefühl ist gesünder als jemand mit einem niedrigen Selbstwertgefühl. So sind wir von Gott angelegt, so will er es, und wenn wir uns dagegen auflehnen, folgen wir nicht nur einer falschen Gottesvorstellung, sondern stürzen uns in unser eigenes Verderben.

Es gibt viele Schriftstellen, die die Bedeutung eines hohen Selbstwertgefühls unterstreichen. Der Apostel Paulus aber hat es unmittelbar zur Grundlage der engsten und wichtigsten Lebensgemeinschaft erklärt, nämlich zur Ehe. „Also sollen auch die Männer ihre Frauen lieben wie ihre eigenen Leiber. Wer seine Frau liebt, der liebt sich selbst. Denn niemand hat jemals sein eigenes Fleisch gehasst, sondern er nährt und pflegt es (Eph. 5,28.29)." Die Liebe, die ein

Mann seiner Frau zuteil werden lässt, ist die Ausdehnung seiner Liebe zu sich selbst, mit der er sie umschlingt. Das göttliche Beispiel folgt im nächsten Vers: „Und das ist es, was Christus für seinen Leib, die Gemeinde tut." Dann stellt Paulus noch einmal fest: „Jeder von euch, der ein Ehemann ist, soll seine Frau so lieben, wie er sich selbst liebt, und die Frau soll ihrem Mann Ehre erweisen."

Die Erfahrung bestätigt, dass Paulus psychologisch richtig gedacht hat. Weil manche ihren Ehegatten nicht so lieben, wie sie sich selbst lieben, haben sie Eheschwierigkeiten. Wenn man sich selbst schlecht macht, ist das im ehelichen Zusammenleben spürbar. Wenn die Frau dem Mann eine gute Ehefrau und der Mann seiner Frau ein guter Ehemann sein will, ist eine gesunde Selbstpflege und ein Bewusstwerden seines eigenen Wertes sehr wichtig.

Ein solches Selbstwertgefühl brauchen wir auch in anderen zwischenmenschlichen Beziehungen. Es darf aber auch nicht übersteigert sein. Die Warnung, die Paulus diesbezüglich gibt, ist angebracht, dass wir nicht höher von uns denken sollen (Röm. 12,3) und auf der anderen Seite vom Pferd fallen. So ein nüchternes Urteil setzt weder zu hoch noch zu tief an. Es ist Satan, der uns an diesem Punkt verwirrt und blendet, indem er uns hochmütig oder kleinmütig stimmt. Die Erfahrung lehrt, wer ein niedriges Selbstwertgefühl hat, versucht dauernd, sich selbst darzustellen. Er muss sich in jeder Lage rechtfertigen, muss sich so selbst behaupten und ist schließlich nur noch damit beschäftigt, sich ständig selbst zu betrachten. Er wird introvertiert und so unfähig zur Gemeinschaft.

Das Sich-selbst-Absagen gehört nicht zur Demut,

zur Heiligkeit oder zur Heiligung. Die Kreuzigung und die Hingabe des Ichs beinhalten nicht die Abwertung des Ichs.

Nehmen sie Ihren Selbstwert von Gott

Entwickeln Sie das Bild Ihres eigenen Wertes von Gott her, nicht von den falschen Betrachtungen, die aus Ihrer Vergangenheit kommen. Die Heilung eines niedrigen Selbstwertgefühls hängt ursächlich von einer Wahl ab, die wir zu treffen haben: Wollen wir auf Satan hören, der alle Lügen, alle Verdrehungen, alle Niederlagen und alle Nöte aus unserer Vergangenheit nimmt, die uns doch durch Christus vergeben sind, um uns an ungesunde, unchristliche Gefühle und Vorstellungen über uns selbst gebunden zu halten? Oder wollen wir unser Selbstwertgefühl aus Gott, seinem Wort und seiner Gnade nehmen?

In diesem Zusammenhang gibt es einige sehr wichtige Fragen, die wir uns stellen müssen: Welches Recht haben wir, jemanden – auch mich selbst – schlecht zu machen oder zu verachten, den Gott so sehr liebt? Antworten wir nur nicht: „Ja, ich weiß, dass Gott mich liebt, aber ich kann mich eben selbst nicht ausstehen." Das ist eine Verkehrung des Glaubens, eine Beleidigung Gottes und seiner Liebe. Es ist der Ausdruck eines raffinierten versteckten Grolls gegen unseren Schöpfer. Wenn wir seine Schöpfung verachten, bringen wir dadurch zum Ausdruck, dass uns der Plan und der Planer missfallen. Wir nennen das unrein, was Gott rein nennt. Wir merken gar nicht, wie sehr Gott uns liebt und wie viel wir ihm bedeuten.

Welches Recht haben wir, jemanden schlecht zu machen oder zu verachten, den Gott so hoch geehrt hat? „Sehet, welch eine Liebe der Vater uns erzeigt hat, dass er uns erlaubt, uns Kinder Gottes zu nennen" (1. Joh. 3,1). Und wir heißen nicht nur so, wir sind es auch! „Meine Lieben, wir sind nun Gottes Kinder" (Vers 2).

Welches Recht haben wir, jemanden schlecht zu machen oder zu verachten, den Gott für wertvoll erachtet? Für wie wertvoll erachtet Gott uns denn? „Nach menschlicher Erfahrung ist es selten, dass jemand sein Leben für einen anderen gibt, selbst wenn dieser andere ein guter Mensch ist ... Der Beweis jedoch für Gottes staunenswerte Liebe ist der: Christus starb für uns, als wir noch Sünder waren ... Wir dürfen im Licht dieser Liebe Gottes unseren Kopf hoch tragen (Röm. 5,7-8). Gott hat uns für wertvoll erklärt. Wir sind jemand, den Gott für so wertvoll erachtet, dass er seinen geliebten Sohn in den Tod gab, um uns zu erlösen.

Welches Recht haben wir, jemanden schlecht zu machen oder zu verachten, für den Gott in reichem Maße sorgt? „Wie viel mehr wird euer himmlischer Vater euch Gutes geben?" (Matth. 7,11). „Gott wird allen euren Mangel ausfüllen" (Phil. 4,19). Das klingt nicht so, als ob er wünscht, dass wir uns hassen oder uns leistungsunfähig fühlen.

Welches Recht haben wir, jemanden schlecht zu machen oder zu verachten, für den Gott alles so sorgfältig vorausgeplant hat? „Gelobt sei Gott ... der uns gesegnet hat mit allerlei geistlichem Segen in himmlischen Gütern durch Christum. Wie er uns erwählt hat durch denselben vor der Grundlegung der Welt, dass wir heilig und unsträflich vor ihm sein sollten in der Liebe, und er hat uns verordnet zur Kindschaft gegen sich selbst ..." (Eph. 1,3-5).

Welches Recht haben wir, jemanden schlecht zu machen oder zu verachten, an dem Gott seine Freude hat? Der Apostel Paulus sagt, dass wir „angenehm gemacht sind in dem Geliebten" (Eph. 1,6). Erinnern wir uns an die Worte Gottes vom Himmel bei der Taufe Jesu: „Das ist mein geliebter Sohn, an dem ich Wohlgefallen habe" (Matth. 3,17). Paulus äußert einen kühnen Gedanken: Wir sind „in Christus". Er verwendet diesen Begriff weit über hundert Mal. Wir sind in Christus, darum sind wir in dem Geliebten. Gott sieht uns in Christus an: „Du bist mein geliebter Sohn, du bist meine geliebte Tochter, an dir habe ich Wohlgefallen."

Woher wollen wir unsere Vorstellung über uns selbst nehmen? Von Entstellungen aus unserer Jugendzeit her? Von Verletzungen aus der Vergangenheit und von falschen Vorstellungen her, die man uns einprogrammiert hat? Oder wollen wir sagen: „Nein, ich will nicht länger auf meine missratene Vergangenheit hören. Christus hat sie bewältigt. Ich will nicht auf Satan hören, diesen Lügner von Anfang, diesen Verwirrer, diesen Blender, der alles verdreht und entstellt. Ich will auf Gottes Wort über mich hören, und er soll mich umgestalten, bis seine liebevolle Einschätzung ein Teil meines Lebens wird – bis in meine allerinnersten Gefühle hinein."

Werden Sie ein Mitarbeiter des Heiligen Geistes!

Sie müssen in diesem Prozess der Umgestaltung und Erneuerung ein Partner Gottes werden. Eine solche

Arbeit ist ein fortwährender Prozess. Mir ist keine einzige Glaubenserfahrung bekannt, die das Bild, das wir uns von uns selbst machen, über Nacht verändern könnte. Wir sollen „erneuert werden durch die Erneuerung unseres Sinnes" (Röm. 12,2). Die in diesem Vers enthaltenen Tätigkeitsworte stellen eine fortlaufende Handlung dar, und das Wort „Sinn" bezeichnet die Art, wie wir denken und wie wir das Leben als einen täglichen Vorgang betrachten. Wie können wir mit dem Heiligen Geist zusammenarbeiten, um das auszuführen?

Bitten Sie Gott, dass er Ihnen jedes Mal, wenn Sie sich selbst schlecht machen, Einhalt gebietet. Wenn wir damit anfangen, erleben wir eine Überraschung. Es könnte sich dabei herausstellen, dass Ihr gesamter Lebensstil, direkt oder indirekt, eine Herabwürdigung Ihrer selbst ist. Dazu ein paar Hinweise. Was tun Sie, wenn jemand Ihnen Komplimente macht? Können Sie dann danke sagen? „Es freut mich, dass es Ihnen gefallen hat"? – „Ich weiß das zu schätzen"? Oder winken Sie dann ab und spielen alles herunter? Wenn Sie sich dauernd selbst herabwürdigen, prägt das mehr und mehr Ihren Lebensstil und wird zum Teil Ihres Seins. Die Befreiung davon kann dann zu einem langwierigen Weg werden.

Lassen Sie sich von Gott lieben, und lassen Sie ihn Sie lehren, wie Sie sich selbst und andere lieben können. Sie brauchen Liebe. Sie möchten, dass Gott Sie bestätigt und annimmt, und das tut er auch. Aber wegen unserer abscheulichen Handlungsweise, die von den anderen Quellen ausgeht, ist es schwierig für uns, Liebe anzunehmen. Es ist so schwierig, dass wir es für bequemer halten, einfach so weiterzumachen wie bisher.

Ich rufe Sie dazu auf, sich heilen zu lassen, dass Sie Ihr Haupt erheben können, weil Sie ein Sohn oder eine Tochter des ewigen Gottes sind. Bleiben Sie in der Schule des Heiligen Geistes.

7. Symptome des Vollkommenheitsstrebens

„Kommet her zu mir alle, die ihr mühselig und bela-
den seid; ich will euch erquicken (wörtl. ich will euch
Ruhe geben). Nehmet auf euch mein Joch und lernet
von mir; denn ich bin sanftmütig und von Herzen
demütig; so werdet ihr Ruhe finden für eure Seelen.
Denn mein Joch ist sanft und meine Last ist leicht."
(Matthäus 11,28-30)

„Darum ist noch eine Ruhe vorhanden dem Volke
Gottes. Denn wer zu seiner Ruhe gekommen ist, der
ruht von seinen Werken gleichwie Gott von den seinen.
Lasset uns daher Fleiß tun, einzugehen zu seiner
Ruhe."
(Hebräer 4,9-11)

Es gibt viele verschiedene Arten von Depressionen.
Sie unterscheiden sich in ihrer Stärke sehr
voneinander. Ich möchte unser Augenmerk auf eine
Art von Depression richten, die durch ein angeschlagenes Gefühlsleben entsteht, vor allem durch eine
geistliche Verzerrung, die man Vollkommenheitsstreben nennt – mit einem Fremdwort: Perfektionis-
mus.

Hier meldet sich sofort der Widerspruch. Ist es
nicht eine Tatsache, daran zu glauben, dass ein Christ
vollkommen sein soll? Gewiss, aber zwischen einer
echten Vollkommenheit aus dem Glauben und einem menschlichen Vollkommenheitsstreben besteht
ein großer Unterschied. Oberflächlich betrachtet er-

kennt man keinen Unterschied, es besteht jedoch eine tiefe Kluft zwischen ihnen.

Das Vollkommenheitsstreben ist eine Nachäffung der Glaubensvollkommenheit. Anstatt uns zu heiligen Menschen und ausgeglichenen Persönlichkeiten zu machen – das heißt, zu ganzen Menschen in Christus –, macht das Vollkommenheitsstreben uns zu geistlichen Pharisäern und Neurotikern. Das wird oft als neumodische Entdeckung von Psychologen oder Pastoren angesehen. Daher möchte ich Ihnen versichern, dass in allen Jahrhunderten Seelsorger derartige leidende Christen beobachtet haben, längst bevor das Wort Psychologie im allgemeinen Gebrauch war.

John Fletcher, ein Zeitgenosse John Wesleys, beschreibt einige seiner Gemeindeglieder:

> *Sie binden sich schwere Lasten auf, die sie sich selbst machen, und wenn sie sie nicht tragen können, werden sie in ihrem Gewissen von eingebildeter Schuld gequält. Andere gehen gequält mit der unbegründeten Furcht einher, sie hätten die Sünde wider den Heiligen Geist begangen. Um es kurz zu sagen: sehen wir nicht Hunderte, die, obwohl sie Grund dazu haben, mit sich zufrieden zu sein, stattdessen meinen, für sie gebe es keinerlei Hoffnung?*

John Wesley hat das folgendermaßen ausgedrückt: „Manchmal wird die hervorragende Eigenschaft, ein zartes Gewissen zu besitzen, bis zum Äußersten strapaziert. Wir finden einige, die sich fürchten, wo nichts zu fürchten ist, die sich ständig ohne Grund selbst anklagen und sich einreden, etwas sei sündig, was die Schrift doch in keiner Weise verdammt, und die andere Dinge für ihre Pflicht halten, von denen die Schrift nichts sagt. Man nennt dies zu Recht ein ängstliches Gewissen, und das ist ein schlimmes Übel. Es ist äußerst wünschenswert, dass man ihm so wenig wie möglich nachgibt, vielmehr sollte man darum beten, dass man von diesem schweren Übel errettet wird und wieder einen klaren Verstand bekommt."

Ein Seelsorger hat vor langer Zeit einmal ein Buch über das Vollkommenheitsstreben geschrieben und ihm den Titel gegeben: „Geistlich ausgerichtete Heilung für solche, die an den Nerven und an Angstgefühlen leiden." Wie genau dieser Titel zutrifft!

Die Symptome

Das Vollkommenheitsstreben ist das beunruhigendste seelische Problem unter gläubigen Christen. Ich habe damit in der Seelsorge mehr zu tun als mit jeder anderen geistlichen Verklemmung. Ich möchte hier auf einige seiner Symptome verweisen.

1. Eine Tyrannei des „sollte eigentlich". Sein Hauptmerkmal ist ein ständiges, alles durchdringendes Gefühl, man täte nichts gut genug und man sei zu nichts gut genug. Dieses Gefühl durchdringt das ganze Leben, aber es betrifft vor allem unser Glaubensleben. Hier sind einige typische Aussagen:

„Ich sollte mehr leisten."
„Ich hätte mehr leisten sollen."
„Ich hätte mehr leisten können."

Und das erstreckt sich von der Zubereitung einer Mahlzeit bis ins Gebetsleben und bis zum christlichen Zeugnis.

Die drei Lieblingsaussprüche dessen, der dem Vollkommenheitsstreben verfallen ist, lauten: „hätte können", „hätte sollen", „hätte wollen". In diesem seelischen Zustand steht man immer auf Zehenspitzen, reicht man nach etwas, streckt sich immer aus, versucht es immer wieder, aber man schafft es nie ganz.

2. Selbstabwertung. Die Verbindungslinie zwischen dem Vollkommenheitsstreben und der niedrigen Selbsteinschätzung ist deutlich. Wenn wir nie etwas Ordentliches leisten, haben wir stets das Gefühl, wir gälten nichts. Wenn wir nie ganz zufrieden mit uns und unseren Leistungen sind, dann ist der nächste Schritt nur ganz natürlich, dass wir meinen, auch Gott ist mit uns nie zufrieden. Wir können uns anstrengen, wie wir wollen, wir bleiben immer zurück. Weil wir und, wie wir meinen, auch Gott immer die erste Stelle verlangen, reichen alle Bemühungen nie aus. Also gehen wir zurück ins geistliche Salzbergwerk und rackern uns ab, uns und Gott noch mehr zu gefallen. Doch wir kommen nie ans Ziel, wir sind leistungsunfähig, da anzukommen, wo wir hin wollen, wir dürfen aber nie aufgeben.

3. Furchtsamkeit. Das „ich sollte eigentlich ..." und die Selbstabwertung erzeugen ein überempfindliches Gewissen unter einem riesigen Schirm von Schuld, Furchtsamkeit und Verdammung. Dieser Schirm hängt stets wie eine dicke Wolke über unseren Köpfen. Ab und zu hebt sich einmal die Wolke und die Sonne scheint durch, vor allem während Evangelisationen, Heiligungskonferenzen und Freizeiten, wenn wir laut mitbeten und „eine noch tiefere Hingabe vollziehen".

Leider schwindet der Sonnenschein wieder schnell,

meistens bereits auf der Heimfahrt. Wir kommen uns „so gesegnet" vor, um dann mit einem dumpfen Schlag aus dem dritten Himmel zurückzukommen. Die gleichen verhassten Gefühle überfallen uns wieder. Das allgemeine Gefühl der göttlichen Missbilligung und der alles umfassenden Verdammung kehrt zurück und hackt und klopft an der Hintertür unserer Seele.

4. Gesetzlichkeit. Das überempfindliche Gewissen und das allumfassende Schuldgefühl bei dem, der dem Vollkommenheitsstreben erlegen ist, wird gewöhnlich begleitet neben einer großen Ängstlichkeit von einer Gesetzlichkeit, die Äußerlichkeiten, Gebote und Verbote sowie Bestimmungen überbetont.

Warum ist das so? Wer dem Vollkommenheitsstreben huldigt, hat ein zerbrechliches Gewissen, ein niedriges Selbstwertgefühl, ein fest eingebautes automatisches Schuldgefühl und ist sehr empfindlich für das, was andere über ihn denken. Da er sich nicht selbst annehmen kann und nicht weiß, ob Gott ihn annimmt, braucht und sucht er dringend die Anerkennung anderer. Um ihnen zu gefallen, legt er sich die unterschiedlichsten Belastungen auf. Die Gebote und Verbote häufen sich, weil immer mehr Menschen zufrieden gestellt werden müssen. Der Heiligenschein muss für den einen so und für einen anderen wieder anders angelegt werden, mal diesen, mal jenen Glanz haben. Und bevor man merkt, was los ist, ist aus dem Heiligenschein das geworden, was Paulus als „sklavisches Joch" bezeichnet (Gal. 5,1).

Das Joch war damals ein verbreitetes landwirtschaftliches Gerät, das man einem Tier auflegte, damit es den Pflug zog, oder um zwei Ochsen zusammenzuspannen. Aber das Wort wurde auch noch in einem anderen Sinn verwandt, und diese Bedeutung hatte

Paulus im Sinn. Im Alten Testament war das Joch ein Symbol für despotische Macht, die man einem besiegten Volk als Symbol seiner Versklavung auferlegte. Es war etwas Erniedrigendes und Zerstörerisches.

Das Evangelium von der Gnade war zu den Galatern gekommen und hatte sie von einem Joch befreit. Sie erlebten, dass der Weg zu Gott nicht der Weg der vollkommenen Leistung ist. Wie wir uns auch anstrengen mögen, so können wir Gottes Wohlgefallen nie gewinnen, weil es eine Liebesgabe seiner Gnade durch Jesus Christus ist.

Nach einer Weile aber fingen die Galater an, auf andere Stimmen zu hören, die auf dem Marktplatz laut wurden: „Ein anderes Evangelium" (Gal. 1,6) nennt es Paulus. Vielleicht hörten sie auf die „Gesetzestreuen" aus Jerusalem, die sagten, man müsse das ganze Gesetz einschließlich der Gebote über Feiertage halten. Vielleicht hörten sie auf die Asketen aus Kolossä, die sich darauf festlegten, sich gewisser Dinge zu entsagen, um Gott zu gefallen. Sie riefen auch dazu auf, besondere Tage zu beachten: Neumonde und Sabbate. Sie bestanden auf „Selbsterniedrigung" und bewusster niedriger Selbsteinschätzung (Kol. 2,18 wörtl.). Sie hoben das hervor, was Paulus mit „Satzungen" bezeichnet. „Du sollst das nicht angreifen, du sollst das nicht kosten, du sollst das nicht berühren." Paulus sagt, sie hätten „einen Schein der Weisheit durch Selbsterwählte Geistlichkeit und selbst erniedrigung", die „dem Fleisch seine Bedürfnisse nicht geben und daher nutzlos sind" (Kol. 2,21.23 wörtl.). Wie zutreffend!

Und so brachten die Jerusalemer „Gesetzestreuen" und die kolossischen Asketen die galatischen Verwässerer, die galatischen Rückfälligen hervor. Sie wandten sich um zu einem verwässerten Gemisch aus Glauben und Werken, Gesetz und Gnade. Wenn man Gesetz und Gnade vermischt, ist das Ergebnis immer gleich. Aus unreifen und empfindlichen Gläubigen können Neurotiker werden, die sich dem Vollkommenheitsstreben hingeben und von Schuldgefühlen erfüllt, von einem zu engen Heiligenschein umgeben, freud- und friedlos leben. Sie sind unbeugsam in ihren Ansichten, gefühlskalt in ihrer Lieblosigkeit und lassen sich vom Beifall oder vom Missfallen anderer bestimmen, diese aber zugleich wieder kritisieren, verurteilen, beschuldigen und binden.

5. Zorn. Doch es kommt noch schlimmer für die, die sich dem Vollkommenheitsstreben hingeben. Tief in ihrem Herzen bildet sich Zorn. Es ist ein Groll gegen das „Sollte-eigentlich", gegen den christlichen Glauben, gegen andere Christen, gegen sich selbst und, was am allertraurigsten ist, gegen Gott. Genauer gesagt ist es ein Groll gegen die Karikatur eines Gottes, der nie zufrieden zu stellen ist, wie sehr man es auch versucht, was immer man sich auch auferlegt oder opfert. Dieser grausame Gott schraubt seine Forderungen höher und höher, fordert stets mehr und sagt anschließend: „Tut mir Leid, auch das war noch nicht genug." In Wahrheit ist diese ganze elende Tyrannei, die uns gegen Gott und Menschen bitter macht, vom Teufel, ein verzweifelter, satanischer Ersatz für echte christliche Vollkommenheit.

6. Verleugnung. Meistens zeigt sich dieser Zorn nicht öffentlich. Er wütet im Verborgenen. Weil Zorn eine schwere Sünde ist, versucht man ihn zu unterdrücken. Der ganze Mischmasch von schlechter Theologie, Gesetzlichkeit und Errettung durch Leistung verdichtet sich dann im verborgenen Innern, und tief greifende seelische Störungen stellen sich ein. Der innere Druck kann so groß und schrecklich werden, dass es zu gefährlichen, sich selbst vernichtenden Entladungen kommen kann. Unter dem Stress und den Anstrengungen, mit einem Ich zu leben, das man nicht mag, einem Gott, den man nicht liebt, und anderen Menschen, mit denen man nicht auskommt, kann die Belastung so groß werden, dass es zu einem Abbruch der Beziehungen oder zum Zusammenbruch kommt.

Der Abbruch ist eine ganz traurige Sache. Ich verbringe viel Zeit mit der Seelsorge an Menschen, die früher einmal aktive Christen waren, jetzt aber damit gebrochen haben. Wer abbricht, wirft einfach alles hin. Nicht, dass man Gott total abschwört. Man glaubt noch mit dem Kopf, kann aber nicht mehr mit dem Herzen glauben. Es ist unmöglich, so zu leben, wie es das Streben nach Vollkommenheit erfordert. Oftmals hat man es ernstlich versucht und ist dabei so elend geworden, dass man die Sache eines Tages einfach in die Ecke wirft.

Andere erleiden einen Zusammenbruch. Die Last ist zu schwer. Sie brechen darunter zusammen. Dies passierte einem Professor für Anthropologie. Er war ein hochkarätiger Akademiker, hatte die biblische Theologie gründlich studiert und wurde dann missionarischer Lehrer in Thailand. Einige Jahre später aber ging er als gebrochener Mann vom Missionsfeld. Ein Nervenzusammenbruch machte es ihm unmöglich zu predigen, zu lehren, ja überhaupt die Bibel zu lesen. Er beschreibt das so: „Ich wurde zur Last für meine Frau und nutzlos für Gott und für andere." Wie konnte das geschehen? „Ich erfand einen unmöglichen Gott und bekam daher einen Nervenzusammenbruch." Sein Gott war ungnädig und nicht zufrieden zu stellen.

„Gottes Anforderungen an mich waren so hoch, und seine Meinung über mich war so gering, dass ich nur noch unter seiner gerunzelten Stirn leben konnte ... Den ganzen Tag lang nörgelte er an mir herum: ‚Warum betest du nicht mehr? Warum legst du nicht mehr Zeugnis ab? Wann wirst du es je lernen, dich in Zucht zu nehmen? Wie kannst du es nur zulassen, dass so böse Gedanken in dir aufsteigen? Tu dies! Tu jenes nicht! Liefere dich aus, bekenne, arbeite mehr!' Gott gebrauchte immer seine Liebe gegen mich. Er zeigte mir seine von Nägeln durchbohrten Hände, sah mich dann herausfordernd an und sagte: ‚Warum bist du eigentlich kein besserer Christ? Los, an die Arbeit! Führe ein Leben, wie du es eigentlich solltest!' ...

Ja, er machte einen großen Lärm darum, dass er mich liebte, aber ich glaubte, dass die tägliche Liebe und das Angenommenwerden, nach dem ich mich sehnte, nur dann mir gehören könnte, wenn ich ihn fast alles zerschmettern ließ, was ich selbst war. Wenn ich alles überschlug, gab es kaum ein Wort, ein Gefühl, einen Gedanken oder eine Entscheidung bei mir, die Gott wirklich mochte."

Können Sie begreifen, warum ein aufrichtiger Christ, der sich so vorkommt, einen totalen Zusammenbruch erleidet? Die vielen Jahre, die ich im Predigtdienst, in der Seelsorge und im Gebet mit gläubigen Christen zugebracht habe, haben mich zu der Überzeugung gebracht, dass diese Seuche des Vollkommenheitsstrebens unter evangelikalen Christen sehr verbreitet ist.

Heilung

Es gibt nur eine Heilung für das Vollkommenheitsstreben, und die ist so tief greifend und doch gleichzeitig so einfach wie das Wort „Gnade". „Gnade" ist die verdeutschte Form des griechischen Wortes „charis", das soviel wie „Anmut, Lieblichkeit, Freundlichkeit, Gefälligkeit" bedeutet. Im Neuen Testament hat dieses Wort eine besondere Bedeutung: „eine umsonst gegebene, unverdiente, unverdienbare und nicht rückzahlbare Gunsterweisung". Dass Gott uns in seiner Liebe annimmt, hat nichts mit unserer Würdigkeit zu tun. Gnade ist das Antlitz, das Gott trägt, wenn er unserer Unvollkommenheit, Sünde, Schwachheit und unserem Versagen gegenübertritt. Gnade ist das, was Gott ist und was Gott tut, wenn er den Sündigen und Verdienstlosen begegnet. Die Gnade ist reines Geschenk, sie wird kostenlos denen gegeben, die sie annehmen. Die Heilung von dem Vollkommenheitsstreben beginnt nicht mit einer anfänglichen Erfahrung der Gnade bei der Annahme des Heils und der Führung eines Lebens in der Heiligung, bei dem man dann so weitermacht, als gälte es, ein Leben in der Leistung und der Werkgerechtigkeit zu führen. Die Heilung von dem Vollkommenheitsstreben besteht darin, dass man tagtäglich an diese Gnadenbeziehung zu einem liebenden, fürsorglichen, himmlischen Vater glaubt, sie auslebt und in die Tat umsetzt.

Hier aber liegt der springende Punkt. Manchen Menschen gelingt es nicht, die Gnade zu erfassen, wenn sie nicht in ihrem Inneren von ihrer Vergangenheit geheilt sind. Sie können Gottes Fürsorge nicht wahrnehmen, ohne dass sie im tiefsten Inneren eine

Umstimmung aus all den schlechten Gegebenheiten heraus erleben, die andere, vielleicht ihre Eltern, ihre Familie, ihre Lehrer, Prediger und die Gemeinde in ihnen angelegt haben.

Manchen Vollkommenheitsfanatikern sind von Anfang an unrealistische Erwartungen, unmögliche Leistungen, eine auf Bedingungen beruhende Liebe und eine fein ausgeklügelte Werkgerechtigkeit auferlegt worden. Sie können davon nicht von einem Tag auf den anderen loskommen. Die Umstellung erfordert Zeit, Erfahrung, Verständnis, Heilung und vor allem Veränderung der inneren Einstellung – die Erneuerung des Sinnes, die die Umgestaltung zuwege bringt.

Uwe wuchs in einer streng gläubigen Familie auf, wo alles, was sie im Kopf glaubten, richtig war, wo aber auch alles, was sie im täglichen Umgang an den Tag legten, verkehrt war. Eltern sollten sich daran erinnern lassen, dass es nicht nur darauf ankommt, was ein Kind lernt, sondern auch darauf, was es mitbekommt. Die Liebe, die Uwe erfuhr, war stets an Bedingungen geknüpft. Von seiner frühesten Kindheit an machte man ihm klar: Wir haben dich lieb, wenn ... Wir mögen dich, wenn ... Er wuchs auf mit dem Gefühl, dass er es seinen Eltern nie recht machte. Uwe suchte mich als junger Erwachsener in den Dreißigern auf, weil er immer häufiger mit Depressionen zu tun hatte, die immer länger anhielten und ihm stets größere Ängste einflößten. Einige wohlmeinende Freunde sagten ihm, dass seine Schwierigkeiten alle geistlicher Natur seien. „Echte, geisterfüllte Christen dürfen keine derartigen Gefühle haben. Sie müssen stets fröhlich sein." Das legte Uwe zwei Lasten zugleich auf: sein eigenes Problem und seine Schuld, weil er das Problem hatte.

Wir verbrachten viele Stunden gemeinsam. Es war für ihn nicht leicht, Gottes Liebe und Gnade zu verstehen und anzunehmen, geschweige denn, sie im Innersten zu verspüren. Weil alles, was er von seiner Kindheit bis ins Erwachsenenalter hinein an zwischenmenschlichen Beziehungen erlebt hatte, der Gnade und der Liebe zuwiderlief, war es für ihn sehr schwer, an Gottes Gnade zu glauben und sie zu erleben. Uwe hatte sich noch zusätzliche Schwierigkeiten aufgeladen. Er hatte unerlaubte Beziehungen zum anderen Geschlecht aufgenommen, um dadurch von den Depressionen frei zu werden. Das war Sünde, und er wusste es. Ein solcher Missbrauch eines anderen Menschen häuft weitere Schuld auf. Zu einer eingebildeten Schuld kommt echte Schuld hinzu. Immer wieder hatte er den ganzen Kreislauf von Tränen, Reue, Heilserfahrung und erneuten Versprechungen durchlaufen, nur um sie später wieder zu brechen.

Meine seelsorgerlichen Bemühungen an ihm dauerten über ein Jahr. Während dieser Zeit wurden schmerzliche Erinnerungen heil und falsche Verhaltensweisen umgestellt. Er machte seine Hausaufgaben gut, führte ein ehrliches Tagebuch über seine Gefühle, las gute Bücher, prägte sich viele Schriftstellen ein und lernte es, gezielt und bewusst zu beten.

Das Umlernen fand teilweise in meiner Anwesenheit statt. Sehr oft versuchte er mich dahin zu bringen, dass ich ihn abwies und ihm meine liebevolle Anteilnahme entzog. Er versuchte mich zu einem Verhalten zu verleiten, wie er es von seiner Mutter und seinem Vater erlebt hatte und von dem er glaubte, dass auch Gott so eingestellt sei. Die Heilung kam nicht von einem Tag auf den anderen, aber, Gott sei

Dank, sie kam! Langsam, aber sicher entdeckte Uwe, dass Gott ihn aus Gnaden in seiner bedingungslosen Liebe als Person angenommen hatte. Seine Depressionen befielen ihn immer weniger. Er arbeitete nicht daran, sie loszuwerden, sie verschwanden einfach, wie tote Blätter im Frühling vom Baum fallen, wenn die neuen Blätter kommen. Er erlangte mehr Kontrolle über seine Gedanken und über seine Taten. Seine Depressionen verzogen sich so weit, dass er jetzt nur noch die normalen Höhen und Tiefen durchlitt, die wir alle haben.

„Kommet her zu mir alle, die ihr mühselig und beladen seid", sagte Jesus, „und ich will euch erquicken" (Matth. 11,28). Das ist doch wahrhaftig eine froh machende Botschaft! Wir brauchen nicht so weiterzuleben wie bisher, denn es gibt eine bessere Art zu leben! „Ich will euch erquicken" (wörtl. ich will euch Ruhe geben). „Nehmet *mein* Joch auf euch ..., denn mein Joch ist sanft und meine Last ist leicht" (Matth. 11,28-30).

„Mein Joch ist sanft." Was heißt das? Sein Joch ist angenehm, weil es maßgeschneidert ist für uns als Person, für uns als Einzelne und für unser Menschsein. „Meine Last ist leicht", das bedeutet, dass der Herr Jesus, der uns sein Joch auflegt, uns nie allein lässt, sondern in der Gestalt des Trösters, der uns zur Seite steht und uns hilft, diese angenehme Last stets im gleichen Joch mit uns trägt.

Eva von Tiele-Winckler singt:

Bis in die tiefsten Tiefen reinigt das teure Blut,
wo die Gedanken schliefen, stille der Wille ruht.
Dort, wo im innersten Wesen einst das Verderben
stand,

bringet der Geist das Genesen, heilt die durchgrabene Hand.

Ja, in das tiefste Verderben reicht seine Rettung hinein,

Jesus, das Lamm, wollte sterben, uns ein Erlöser zu sein.

Tiefer noch als das Verderben dringt die Erlösung hinein –

selig in Christo zu sterben, in ihm lebendig zu sein!

Lebend – doch nicht in dem Wesen unserer verdorbenen Natur,

nein, denn in Christus genesen leben und dienen wir nur.

Und die erneuernde Gnade machet nun alles gut.

Ja, auch der größte Schade heilt durch den Geist und das Blut.

Groß ist die Sünde, doch größer ist ja die göttliche Macht,

Christus, er hat als Erlöser völliges Heil uns gebracht!

8. Wie kann das Vollkommenheits-streben geheilt werden?

*„Fürwahr, er trug unsere Krankheit und lud auf sich
unsere Schmerzen. Wir aber hielten ihn für den, der
geplagt und von Gott geschlagen und gemartert wäre.
Aber er ist um unserer Missetat willen verwundet und
um unserer Sünde willen zerschlagen. Die Strafe liegt
auf ihm, auf dass wir Frieden hätten, und durch seine
Wunden sind wir geheilt. Wir gingen alle in der Irre
wie Schafe. Ein jeglicher sah auf seinen Weg; aber der
Herr warf unser aller Sünde auf ihn.
Er hat sein Leben in den Tod gegeben und ist den
Übeltätern gleichgerechnet und hat vieler Sünde
getragen und für die Übeltäter gebetet.“*
(Jesaja 53,4-6.12)

Das Vollkommenheitsstreben ist ein beständiges und
alles durchdringendes Gefühl, dass man es nie ganz
schafft, dass man nie gut genug ist oder genug Gutes
tut, um anderen gefallen zu können. Wer sind denn
diese anderen? Alle – wir selbst, die Leute um uns
und Gott. Natürlich wird das von viel Sich-selbst-
Schlechtmachen und Selbstverachtung begleitet, und
zugleich stellt sich eine Überempfindlichkeit gegenüber der Meinung, dem Beifall und dem Missfallen
anderer ein. Und all das wird überschattet von einer
Wolke von Schuld. Ein Vollkommenheitsfanatiker
muss sich schuldig fühlen, und sei es für nichts anderes, als dass er sich nicht für etwas schuldig fühlt!
Das Vollkommenheitsstreben erzeugt ein verzerrtes Bild von Gott, wobei man Gefühle des Zweifels,

der Auflehnung und des Zornes gegen einen Gott hegt, dem man nie gefallen kann.

Es gibt Heilung von dem Vollkommenheitsstreben in der gnädigen Hinwendung Gottes, der in Jesus Christus zu uns kommt. Aber um diese Heilung persönlich zu erleben, müssen wir das Rezept für den Heilungsvorgang annehmen.

Die Heilung ist ein Vorgang

Der erste Schritt besteht darin, dass wir jeden Gedanken an eine schnelle Heilung fahren lassen. Lassen wir uns von niemand täuschen, dass eine Intensivkur uns sogleich heilen wird. Es gehört eigentlich zur Krankheit, dass man stets nach einer Lösung sucht, die vor der Tür liegt.

Die Heilung ist ein langwieriger Prozess. Ein Mensch wird ja nicht von einem Tag auf den anderen zu einem Vollkommenheitsfanatiker. Darum wird man auch nicht über Nacht davon geheilt. Die Heilung umschließt einen Vorgang des Wachstums in der Gnade, der neuen inneren Einstellung und schließlich des Geheiltwerdens auf jeder Ebene des Lebens. Es geht um Heilung für unser Gemüt mit seinen verzerrten Vorstellungen, Heilung für unser Gefühlsleben mit seinen angeschlagenen Emotionen, Heilung für unser Vorstellungsvermögen, das uns dauernd ein erniedrigendes Wertgefühl einsuggeriert, und eine Heilung unserer zwischenmenschlichen Beziehungen mit all ihren zerstörerischen Widersprüchlichkeiten. Es geht auch um ein tiefes, inneres Geheiltwerden von unseren Erinnerungen, um die zerstörerischen, zeitlupenmäßigen Wiederholungen der Bilderfolge auszulöschen, die ständig unseren Lebensstil durcheinander bringen.

Es ist tatsächlich eine ziemlich weit reichende Inspektion unseres Innenlebens. Wenn wir uns dem unterwerfen, ist das der Anfang eines Geheiltwerdens vom Vollkommenheitsstreben.

Gott wird sich über Sie freuen

Gott und seine Gnade werden nicht nur bei jedem Schritt in diesem Heilungsprozess mit uns sein, sondern Gott wird sich bei jedem Schritt in diesem Prozess über uns freuen. In der Bibel ist das Wort „Gnade" stets mit der Gegenwart des Gnadenspenders verwoben. Wir dürfen das Wort nie so verwenden, als handele es sich um die Beschreibung einer Art von Annehmlichkeit, die Gott zur Verfügung stellt. Gnade bedeutet, dass ein gnädiger Gott auf uns zukommt. „Meine Gnade reicht aus" (2. Kor. 12,9). Nicht „Gnade", sondern „meine Gnade". Einer der Lieblingsausdrücke des Apostels Paulus ist „die Gnade unseres Herrn Jesu Christi" (1. Kor. 16,23; Gal. 6,18; Phil. 4,23; 1. Thess. 5,28; 2. Thess. 3,18).

Gnade ist also nicht eine bloße Annehmlichkeit, sondern sie ist unser Herr selbst, der in seiner Gnadenfülle zu uns kommt. Ein liebender, gnädiger Gott nimmt uns so an, wie wir sind, und bietet sich uns in seiner Liebe eben hier und jetzt an, nicht erst dann, wenn wir uns zurechtgemacht haben.

Gott freut sich ebenso über uns, wenn wir in diesem Heilungsvorgang stehen, wie es liebende Eltern tun, wenn ihr Kind laufen lernt. Das sind aufregende Tage in einer Familie, vor allem beim ersten Kind

– das Kind stolpert, wirft die Möbel um und reißt Geschirr herunter. Das aber gehört mit zu einer gesunden Entwicklung des Kindes. Die ersten Schritte, wenn auch noch zitternd und wackelig, signalisieren gesundes Verhalten und eine gesunde Entwicklung, über die sich die Eltern freuen. Ebenso ist es bei Gott. Abgewandelt darf es heißen: „Wenn ihr, die ihr arg seid, doch euren Kindern das Laufen so gut beibringen könnt, wie viel mehr wird sich der himmlische Vater über jeden Schritt bei einem Heilungsprozess freuen" (vergl. Matth. 7,11). Gott freut sich bei jedem Schritt des Weges über uns.

Ich möchte Ihnen ein Gebet mit auf den Weg geben, ein Rezept, das je nach Bedarf eingenommen werden sollte: „Herr, ich danke dir, dass du mich nach deinem vollkommenen Plan heilst", damit aus dem Heilungsprozess keine neue Form des Sich-Ärgerns über Ihr Vollkommenheitsstreben oder des Zornes über Ihre langsamen Fortschritte erwächst, sondern ein Dankgebet für seinen Gnadenreichtum, der bei jedem Schritt auf dem Weg bei Ihnen ist.

Die Wurzel des Übels

Seelische Probleme ergeben sich oft daraus, was für einen Gott, was für einen Menschen, was für ein Leben wir erblickten, als wir in unserer Kindheit in den Raum zwischenmenschlicher Beziehungen schauten. Die meisten von uns haben ihre Vorstellungen und Gefühle über Gott, den himmlischen Vater, von der eigenen Mutter oder vom Vater abgeleitet. Oft sind diese Vorstellungen und Gefühle verworren und widersprüchlich. Was wir dann als Stimme Gottes zu vernehmen meinen, ist nur Widerhall der Stimme der Eltern, anderer Menschen oder Kindheitserfahrungen, die einen Druck auf uns ausüben. Wir wollen uns auch daran erinnern, dass sich die meisten unserer grundlegenden Verhaltensweisen anderen Menschen gegenüber von den in unserer Familie herrschenden Verhältnissen ableiten lassen.

1. Unzufriedene Eltern. Eine der weit verbreitetsten, auf der Einstellung der Eltern beruhende Schwierigkeit, die zu Vollkommenheitsstreben und Depressionen führt, ist darin begründet, dass sich Eltern selten zufrieden stellen lassen. Sie erzeigen Liebe nur unter gewissen Bedingungen, dass man Maßstäbe einhalten, Höchstnoten erzielen oder Bestleistungen hervorbringen muss. Es gibt wenig Lob, aber viel Kritik. Beifall gibt es nur unter gewissen Bedingungen. Man bekommt zwar Ermunterungen, doch nur um hervorzuheben, dass man es noch besser machen könnte. „Ich glaube, du kannst aus der Zwei noch eine Eins machen, wenn du dich noch mehr anstrengst."

Unzufriedene Eltern und auf Bedingungen gegründete Liebe führen zu unerreichbaren Zielen und unerfüllbaren Lebenswünschen. Vor einigen Jahren berichtete mir eine Frau, dass jedes Mal, wenn ich in einer Predigt das Wort „gehorchen" oder „Gehorsam" erwähnte, sie sich unwohl und schuldig fühlte. Ihre Mutter zog ihr als Kind immer besonders schöne Kleider an, die sie beim Spielen nicht schmutzig machen durfte. Wenn dann das kleine Mädchen heimkam, schimpfte ihre Mutter oft voll Zorn: „Du ungezogenes Mädchen, niemals gehorchst du mir." Es wurden absurde, wirklichkeitsfremde, unerreichbare Forderungen aufgestellt. Und wenn ihnen nicht entsprochen wurde, wurden Schuld und Strafe zugemessen. Da es in dieser Familie sehr fromm zuging, ist es nicht verwunderlich, dass sich die Frau mit falschen Vorstellungen von Gott, mit einem niedrigen Selbstwertgefühl und einer Wolke von Schuld abquälte.

2. Ein aus den Fugen geratenes Familienleben. In einem seiner Werke schreibt Charles Dickens: „In der Welt der kleinen Kinder ist die allerschlimmste Not die Ungerechtigkeit." Ein aus den Fugen geratenes Familienleben schafft Ungerechtigkeit. Wenn Eltern ihre Gefühlswelt nicht beherrschen, weiß ein Kind nie, wie sie sich ihm gegenüber verhalten werden.

In Bettys Glaubensleben ging es schrecklich auf und ab. Sie gab sich alle Mühe, aber es war für sie so schwer zu glauben und zu vertrauen. Manchmal hatte sie so starke Verdammungs- und Schuldgefühle, dass sie es einfach nicht fertig brachte, die Gottesdienste zu besuchen. Schließlich schlossen wir ein Abkommen – sie setzte sich nach hinten, dicht bei einem der Ausgänge, so dass sie immer dann, wenn sie etwas an meiner Predigt nicht ertragen konnte, hinausgehen konnte. Und viele, viele Male sah ich, wie Betty mitten in einer Predigt aufstand und ging, als ich gerade über etwas sprach, das mir gar nicht so schwerwiegend vorkam.

Was hatte sie doch für ein Familienleben hinter sich! Es war, als ob sie Tag und Nacht auf Eierschalen lebte. Ihr Vater war Alkoholiker. Ihre Mutter war eine von den ruhigen, freundlichen Menschen, die wie ein schlafender Vulkan jeden Moment ausbrechen können. Ich werde nie vergessen, wie Betty sagte: „Ich wusste nie, ob man mich in den Arm nehmen oder ob man mich verdreschen würde. Und ich konnte mir auch nie über die Gründe für beides klar werden." Deshalb hielt sie natürlich Gott für ebenso unbestimmbar, unvernünftig und unzuverlässig wie ihre Eltern.

Neben solchen seelischen Narben gab es auch noch echte Narben. Einmal war ein chirurgischer Eingriff nötig, weil das Kinn ausgehakt war. Und diese Narben hatten äußerst schmerzhafte Erinnerungen hinterlassen, die Heilung erforderten, bevor sie an den Gott glauben konnte, von dem jede gute und vollkommene Gabe kommt, den Gott, in dem Licht ohne den allergeringsten Schaden einer Veränderung ist (Jak. 1,17). Man erkennt unschwer, wie solche Zustände in einer Familie Brutstätten für seelische Krüppel und Vollkommenheitsfanatiker sind. Unzufriedene Eltern, ein Nichtannehmen seines Ichs, wirklichkeitsfremde, unerreichbare Maßstäbe, unklare Zielsetzungen, undurchstehbare Konflikte – all das führt den Menschen zu verkehrten Handlungsweisen.

Verstehen wir nun, warum die Heilung ein Vorgang ist, der Zeit, Anstrengung, oftmals die Hilfe eines Seelsorgers und stets die unterstützende, liebende Gemeinschaft der Gemeinde Jesu erfordert? Wie sehr brauchen wir den Zuspruch, die Unterstützung und die seelsorgerliche Hilfe derer, die mit uns Glieder am Leibe Christi sind! Jakobus schreibt, dass in vielen Fällen der Prozess der Umstimmung, der Erneuerung und der Heilung nur dann zustande kommt, wenn wir uns einander mitteilen und füreinander beten (Jak. 5,16).

Die Macht der Ohnmächtigen

Zahllose seelische Wunden sind schwer einzuordnen. Sie gehören zum Leben in einer gefallenen Welt. Peter war einer der furchtsamsten Menschen, die je zu mir in die Seelsorge kamen. Ich konnte ihn kaum verstehen. Wir machten Übungen, damit Peter eine lautere Stimme bekam. Er hatte solche Angst, dass er jemand zur Last fallen könnte. Man fühlte sich in seiner Nähe nicht recht wohl und schaute unwillkürlich nach, ob er nicht ein Schild trug, auf dem stand: „Entschuldigen Sie, dass es mich überhaupt gibt."

Es wurde mit Peter besser, als wir begannen, seine Lage ausführlich zu untersuchen, aber die eigentliche Heilung trat erst ein, als wir eine Wochenendfreizeit zur Bereicherung des ehelichen Lebens veranstalteten. Als Peter sich von einer Gruppe von Ehepaaren umgeben sah, die ihn gern hatten, die ihn so annahmen, wie er war, und ihm Selbstvertrauen einflößten, erinnerte er sich an eine Reihe von Dingen, die ihm sehr schmerzlich waren. Er erinnerte sich daran, wie er die Nachbarn über seine Familie reden hörte. Seine Mutter war nämlich eine gebrechliche, hysterische Frau. Sie hatte einmal einen Nervenzusammenbruch erlitten und viele Jahre als Halbinvalide gelebt. Und er erinnerte sich daran, wie die Nachbarn flüsterten, dass sie den Zusammenbruch deshalb erlitten hätte, weil ihr kleiner Junge ihr dauernd gefolgt sei, sich an ihrem Schürzenzipfel gehalten und sie nie aus den Augen gelassen hätte. Das war schon eine recht schwere Last, die man einem kleinen Jungen auferlegte: „Du bist schuld am Zusammenbruch deiner Mutter, dass sie ein Invalide ist." Jetzt aber durch die Annahme in der Gruppe wurde eine große Last von ihm genommen. Er konnte mit der inneren selbstquälerischen Buße aufhören, die er die ganzen Jahre hindurch für eine ungerechte Anklage geleistet hatte.

Wir werden wohl nie erfahren, wie viel Unheil und wie viel Schaden durch solche zufälligen Bemerkungen angerichtet worden ist. Es wird in den kleinen Herzen eine Saat der Bedrückung, der Demütigung und des Hasses gesät, die erst schwelt, sich dann wie ein Eitergeschwür ausbreitet und eines Tages einen erwachsenen Menschen ganz überwältigt. Bemerkungen wie die folgenden sind hierfür typisch: „Der wird wohl leider noch einmal ganz wie sein Onkel", der zehn Jahre im Gefängnis saß und in einer Nervenheilanstalt starb. Oder: „Wie sieht das Kind nur aus? Schade, dass es nicht seinen Geschwistern ähnelt." Oder das kleine Mädchen mit der hübschen Schwester, die bei einer Familienfeier hörte, wie sich die Verwandten zuflüsterten: „Das ist das Heimchen."

Denken wir auch an all die verborgenen Wunden verbunden mit Schuld-, Furcht- und Hassgefühlen, die von sexuellen Erlebnissen in der Kindheit herrühren. Der Geschlechtstrieb kann die tödlichsten aller seelischen Konflikte hervorrufen: Schrecken und Verlangen, Furcht und Lust, Liebe und Hass, die sich zu einem heftigen seelischen Erdbeben vereinen, an dem man innerlich zerbrechen und verbluten kann.

Jähzorn

Zorn, Widerwille, Hass liegen alle im tiefsten Inneren verborgen. Hier liegt ein besonderes Problem. Manchmal frage ich in der Seelsorge: „Ist das Wort

Jähzorn übertrieben?" Und die Antwort lautet: „Nein, es stimmt." Wir dürfen uns da nicht von einer nach außen unterwürfigen Sanftmütigkeit täuschen lassen.

In meiner seelsorgerlichen Tätigkeit muss mir erst noch der Mensch begegnen, der mit inneren Nöten zu tun hat, die mit dem Vollkommenheitsstreben in Zusammenhang stehen, und der nicht gleichzeitig einen großen Zorn auf irgendetwas hat. Dieser Zorn liegt manchmal unter Schichten der Furchtsamkeit, Sanftmut und geistlicher Frömmigkeit begraben, aber er ist da.

Wir müssen, wenn Heilung erfolgen soll, den Mut aufbringen, den Zorn zu entlarven, ihn ans Licht vor Gott bringen und ans Kreuz heften, wo er hingehört. Es gibt keine Heilung, bevor man sich zu seinem Zorn bekennt, sich dazu stellt und sich von ihm lösen lässt. Sich lösen lassen heißt, dass man jedem Menschen vergibt, der mit ihm in Zusammenhang steht. Das bedeutet zugleich, jedes Verlangen dranzugeben, über den betreffenden Menschen einen Triumph der Rache zu feiern und unsere schuldgeplagte Seele von Gottes vergebender Liebe reinwaschen zu lassen.

Vor Jahren überraschte mich eines Tages der Telefonanruf eines Professors, der an einer christlichen Hochschule unterrichtete. Er erinnerte sich an etwas, das ich in einer Predigt während einer Evangelisation an seiner Schule gesagt hatte. Er sagte: „Wenn ich mich recht erinnere, sagten Sie: ‚Jedes Mal, wenn Sie in Ihrer Seele eine Regung verspüren, die mit dem Anlass nicht in Einklang zu bringen ist, nehmen Sie sich in Acht! Sie sind wahrscheinlich einer tief gehenden seelischen Not auf der Spur.' Ich glaube, das ist bei mir der Fall." Er war ein sehr gebildeter Mann, war tief gläubig und hatte eine gründliche Schriftkenntnis. Aber es hatte auf der Hochschule einmal eine Auseinandersetzung gegeben, und plötzlich reagierte dieser sonst so selbstbeherrschte Wissenschaftler in heftigem Zorn. Jähzorn war die richtige Bezeichnung dafür. Er war selbst darüber zutiefst erschrocken und kam sich überaus schuldig vor, wusste aber nicht, was er tun sollte. Nichts schien zu helfen, wie sehr er auch die Bibel las, betete und versuchte, die ganze Sache in Gottes Händen zu lassen. Er bekannte mir mit tiefem Schmerz: „Ich kann es einfach nicht glauben, aber als das passierte, kam es mir tatsächlich so vor, als ob ich jemanden umbringen wollte."

Es war nicht schwer, die Ursache für seine Not herauszufinden, aber es fiel ihm schwer, sich dazu zu bekennen. Als er mit mir darüber sprach, sagte er immer wieder: „Ach, so was Dummes ... Daran kann es doch nicht liegen!"

Ich antwortete: „Nichts ist dumm. Erzählen Sie es mir doch!"

Er war ein kluges, frühreifes Kind gewesen, ein Intellektueller fast vom Kleinkindalter. Wir kennen das – sechs Jahre alt und im Wesen wie fünfzehn. Er war so klug, dass es für ihn nicht leicht war, mit denen zu leben, die keinen so hohen Intelligenzgrad wie er hatten. Er war immer der Erste im Klassenzimmer, aber der Letzte auf dem Spielplatz. Jede Pause wurde ihm zur Hölle. Die rauen und weniger zart besaiteten Jungen und Mädchen ärgerten ihn und quälten ihn. Er war selbst erstaunt, wie empfindlich sein Gedächtnis war. Er konnte sich noch an die Namen dieser Kinder erinnern, ja er wusste noch, was sie anhatten. Es stand alles ganz lebendig vor ihm, obwohl Jahre darüber vergangen waren. So kam er der Quelle seines Jähzorns auf die Spur. Als wir jeden Vorfall einzeln durchgingen, erinnerte er sich an die Namen der beteiligten Jungen und Mädchen. Wir stellten sie alle einzeln unter seine Vergebung.

„Wollen Sie Dan vergeben? Wollen Sie Sally vergeben? Wollen Sie ... vergeben?" Das hört sich einfach an, war aber äußerst schmerzlich. Doch im Gebet fand er Gnade, allen zu vergeben, die ihm das Leben so unerträglich gemacht hatten. Der Heilige Geist nahm den Stachel aus seinen Erinnerungen fort und verscheuchte die Macht, die ihn dazu trieb, diesen Erinnerungen nachzuhängen. So begann ein tief greifender Wandel. Doch es brauchte seine Zeit, bis Gottes heilende Kraft diese quälenden, schmerzlichen Löcher in seinem Herzen ausfüllen konnte.

Die Rechtfertigung Gottes

Die grundlegende innere Widerwilligkeit ist in Wirklichkeit Zorn gegen Ungerechtigkeit, und dieser schreit es gleichsam hinaus: „Ich war ein Opfer. Ich hatte keine andere Wahl. Ich habe es mir nicht ausgesucht, dass ich geboren bin. Ich habe mir meine Eltern nicht ausgesucht. Ich habe mir meine Geschwister nicht ausgesucht. Ich habe mir meine Behinderungen und meine Krankheit nicht ausgesucht. Ich bin ein Opfer geworden, und meine Verwundungen, meine Demütigungen und meine Narben sind ungerecht." Und oft sehen wir, wie bei Vollkommen-heitsfanatikern dieser versteckte Zorn ans Tageslicht kommt: sie möchten nämlich jeden Fehler, den sie sehen, verbessern und alles Unrecht dieser Welt gerade rücken.

Die Stelle, an der einem derart geschädigten Menschen Heilung zuteil werden kann, ist das Kreuz. Es stellt den Höhepunkt aller Ungerechtigkeit dar. Am Kreuz hat Gott uns sein völliges Einswerden mit uns in unserem unverdienten Leiden ebenso vor Augen geführt wie in unserer verdienten Strafe. Nie hat es mehr Ungerechtigkeit gegeben als am Kreuz. Nie ist jemand völliger verworfen worden als unser Herr.

Die Anklagen gegen ihn, sein Prozess, seine Kreuzigung, das war alles ungeheuer ungerecht.

Sagen Sie deshalb nie: „Gott weiß nicht, was es heißt zu leiden", und denken Sie nie, dass Gott uns Dinge erleiden lässt, die er selbst nicht willig auf sich genommen hat. Er wurde wie ein Lamm zur Schlachtbank geführt; alle seine Rechte wurden ihm genommen und alle seine Macht. Er hatte keine Unterstützung mehr von seinen Freunden. Sie verließen ihn und flohen, während er gedemütigt, ausgezogen, verspottet und verlacht wurde.

Wenn wir das Kreuz anblicken, dann sehen wir, wie umfassend Christus die Wahrheit ist, nicht nur die helle, leuchtende, schöne Wahrheit Gottes für uns alle. Sein Kreuz ist zugleich die grässliche, aufrüttelnde Wahrheit über uns alle – die Wahrheit über den Neid, den Hass, die Lust, die Selbstsucht und den Jähzorn, die diese gefallene, sündige Welt verseuchen. Die Wahrheit über das Leben auf dieser Welt kam heraus, als der Sohn Gottes gekreuzigt wurde. Jetzt wissen wir, dass Gott versteht, was es heißt, in solch einer Welt zu leben. Er ist der verwundete Heiler, er ist unser Hoherpriester, der mit unserer Schwachheit mitfühlen kann.

Das ist die unglaubliche Botschaft für jeden Vollkommenheitsfanatiker. Sie ist für ihn zu schön, um wahr zu sein. Aber sie gilt uns, die wir von diesen widerstrebenden Gefühlen umgetrieben und fast erdrückt werden und von denen wir meinen, dass wir Gott daran nicht teilhaben lassen können.

Am Kreuz hat Gott in Christus alle diese schmerzlichen Empfindungen in seine Liebe mit hineingenommen. Sie sind in sein Herz gedrungen, haben seine Seele durchbohrt und sind im Meer seiner Vergebung und im Meer seines Vergessens untergegangen.

Paulus war einst der erbittertste Feind des Christentums. Er hasste Jesus Christus und brachte seine Wut gegen ihn dadurch zum Ausdruck, dass er bei der Ermordung des ersten Märtyrers, Stephanus, zugegen war und Wohlgefallen daran hatte. Als Paulus entdeckte, dass sein ganzer Zorn und Hass mit in das gnädige Herz Gottes hineingenommen war, schrieb er: „Gott war in Christus und versöhnte – wir wollen es persönlich ausdrücken –, er versöhnte mich mit sich selbst und rechnete mir meine Übertretungen nicht zu" (vgl. 2. Kor. 5,19). Es gibt nichts von all diesen entsetzlichen Schmerzen, Tiefen, Hass- und Wutausbrüchen unserer Seele, die Gott nicht gehört hat. Es gibt nichts, das wir ihm nicht bringen und das er nicht verstehen könnte. Er will uns in Liebe und Gnade aufnehmen.

Weil Jesus wusste, dass uns das alles zu gut erscheint, um wahr zu sein, setzte er in der Nacht, bevor er ans Kreuz ging, das Abendmahl ein. Er nahm Brot und Wein, alltägliche Dinge, die wir fühlen, berühren, schmecken, riechen und zu uns nehmen können, und sagte: „Esset und trinket das zu meinem Gedächtnis" (vergl. Matth. 26,26-28). Wenn wir von seinem Leib, von seinem Zerbrochensein nehmen und essen, empfangen wir Heilung für unser Zerbrochensein. Wenn wir aus dem Kelch trinken, empfangen wir seine Vergebung und seine heilende Liebe bis in die letzten Tiefen unseres Seins.

„O du verwundeter Heiland, du Zerbrochener, wir geben dir all die zerbrochenen Stücke unseres Lebens und bitten dich, du mögest sie alle wieder zusammensetzen und uns heil machen. Amen."

9. Über-Ich oder eigentliches Ich?

„Denn wir wagen uns nicht unter die zu rechnen oder zu zählen, die sich selbst loben ... Weil sie sich an sich selbst messen und halten allein von sich selbst, verstehen sie nichts. Wir aber rühmen uns nicht über das Ziel hinaus, sondern nur nach dem Ziel der Regel, mit der uns Gott das Ziel abgemessen hat ... Wer sich aber rühmt, der rühme sich des Herrn ... Denn darum ist nicht einer tüchtig, dass er sich selbst lobt, sondern dass ihn der Herr lobt."
(2. Korinther 10,12.13; 17.18)

„Siehe, du hast Lust zur Weisheit, die im Verborgenen liegt, du lässest mich wissen die heimliche Weisheit."
(Psalm 51,6)

Der Vollkommenheitsfanatiker muss es lernen, in Christus er selbst zu sein. Doch gerade dann stößt er auf das größte Hindernis und bedarf einer tief greifenden Heilung und absoluten Umstellung. Das wohl schrecklichste Ergebnis des Vollkommenheitsfanatismus ist die Entfremdung von dem eigentlichen Ich. Wir wollen uns einmal ansehen, wo dieser tragische Verlust beginnt und wie er vor sich geht.

Im Laufe seiner Entwicklung empfängt ein Kind Informationen über sich selbst, über Gott, über andere Menschen und über sein Verhältnis zur Umwelt. Diese Informationen erhält es von anderen und durch eigene Anschauung. Sie werden aufgenommen durch das, was direkt gesagt und getan wird, und durch das, was unausgesprochen bleibt und unterlassen wird.

Normalerweise sind viele Faktoren mitbestimmend. Langsam, aber sicher und für den jungen Menschen ganz unbewusst gelangen alle diese Informationen an ihn heran. Ein Kind, das negative Informationen empfängt, fühlt sich nicht so angenommen und geliebt, wie es ist. Es hat alles versucht, Anerkennung dadurch zu finden, dass es so ist, wie es ist. Jetzt aber meint es, Geborgenheit und Liebe nur dann zu erlangen, wenn aus ihm etwas und jemand anderes wird.

Das aber geschieht – wie gesagt – unbewusst. Das Kind weiß nicht, was in seinem Leben vorgeht –, dass es nicht zur Erfüllung von tief in ihm angelegten, gottgegebenen Bedürfnissen gelangt, die grundlegend wichtig für die Entwicklung eines Menschen sind, wie Sicherheit, Angenommensein, Geborgenheit und Geltung. Seinem Bedürfnis, geliebt zu werden und es zu lernen, Liebe an andere weiterzugeben, wird nicht Rechnung getragen. Statt dessen entwickelt sich in ihm eine wachsende tief sitzende Angst, verbunden mit Unsicherheit und dem Empfinden, wertlos und unerwünscht zu sein. Und der junge Mensch beginnt den langen, mühevollen steilen Pfad zu erklimmen, auf dem er versucht, jemand anders zu werden, als er eigentlich ist.

Es ist eine Tragödie, dass bei einem solchen Menschen das in ihm von Gott angelegte Selbstbewusstsein niemals die Möglichkeit erhält, sich zu entfalten. Seine einmaligen Anlagen bleiben ungenutzt. Sein wahres Ich wird verleugnet oder niedergetreten und durch ein falsches Ich verdrängt. Alle die Kräfte der Seele und des Geistes, die eigentlich zur Heranreifung seines gottbestimmten Ichs zur Verfügung stehen sollten, werden dazu verwandt, ein falsches und idealisiertes Bild von sich selbst zu erzeugen.

Wenn ein solcher Mensch dann zum Glauben an Jesus Christus kommt, hört dieser selbstzerstörerische Prozess nicht automatisch auf. Die Vergebung, das Gefühl der Geborgenheit und die Gnade Gottes durchdringen zwar einige äußere Schichten seines unwirklichen Ichs und bringen einen neuen Geist der Aufrichtigkeit in sein Leben. Doch es bedarf einer tiefer greifenden Heilung. Allzu oft bestimmt das falsche Ich auch das Glaubensleben selbst und verfälscht es.

Was bedeutet eigentlich Über-Ich und eigentliches Ich?

Das Über-Ich ist ein falsches, idealisiertes Bild von uns selbst, das wir meinen haben zu müssen, um Liebe und Geborgenheit zu empfangen. Wir leiden unter der Eingebung, keiner wird uns lieben, der um unser eigentliches Ich weiß. Ein solch irriges Empfinden schließt sogar Gott mit ein, der die Vollkommenheit in Person ist, der Vollkommenheit fordert und dem man nur seine gute Seite zeigen darf. Man darf Gott nur sein Super-Ich sehen lassen, nicht sein eigentliches Ich. Dazu eine ganz persönliche Frage: „Wenn Sie in der Stille und im Gebet in die Gegenwart Gottes treten, welches Ich bringen Sie ihm dar?" Danach fragte ich einmal einen erfolgreichen Evangelisten, der seelische und geistliche Schwierigkeiten hatte: „Wenn Sie mit Gott reden, wenn Sie im Gebet vor ihn treten, welches Ich bringen Sie ihm dar?

Welches Bild aus Ihrer Vorstellungswelt bringen Sie vor Gott? Bitte, antworten Sie nicht schnell. Lassen Sie sich Zeit."

Nun, er blieb ungewöhnlich lange still. Dann sagte er zu mir: „Wissen Sie, so habe ich noch nie darüber nachgedacht. Aber ich muss es Ihnen gegenüber ehrlich aussprechen, leider trete ich immer in meinem besten geistlichen Gewand und mit meinem schönsten Heiligenschein vor Gott. Ich glaube nicht, dass ich je mit meinem eigentlichen Ich gekommen bin, so wie ich bin, obwohl ich schon so oft das Lied gesungen habe: ‚So, wie ich bin, komm ich zu dir‘.“

Die Tragödie dabei ist, dass unser eigentliches Ich sich irgendwann in unserer frühen Kindheit versteckt hat. Das erklärt, warum wir uns manchmal so schrecklich kindisch verhalten. Wir sind irgendwo in der Vergangenheit stehen geblieben.

Unser Über-Ich und unser Gefühlsleben

In seinem Gefühlsleben hat der Vollkommenheitsfanatiker seine größten Probleme, weil das Bild, das sein Über-Ich ihm von sich selbst liefert, ihm nie erlaubt, bestimmte Arten von Gefühlen zu erleben.

Dabei gibt es gar keine schlechten oder guten Gefühle. Sie ergeben sich aus einer ganzen Reihe von Vorgängen, die aus unserem Menschsein entspringen. Gefühle sind von sich aus nicht sündig. Ob sie aber falsch oder richtig sind, entscheidet sich daran, was wir mit ihnen anfangen. So, wie wir mit unseren Gefühlen umgehen, entscheidet es sich, ob sie uns zur Gerechtigkeit oder zu sündigem Wesen führen. Die Gefühle selbst sind ein sehr wichtiger Teil unseres uns von Gott gegebenen Menschseins.

Ein Gefühl, das das Über-Ich im Allgemeinen für falsch einordnet, ist der Zorn. In meiner Jugend musste ich mir unbiblische, unmenschliche und zerstörerische Ansichten anhören, dass der Zorn immer eine ungeheilte Gefühlsaufwallung sei. Ich habe Jahre gebraucht, bis ich das unter die Füße bekam. Es hat mir fast mein Glaubensleben und meine Ehe zerstört. Ich musste lernen, wie ich meiner Frau gegenüber meinen Zorn in der rechten Weise zum Ausdruck bringe. Das ist uns allen aufgegeben.

In Markus 3,5 lesen wir, dass Jesus Menschen im Zorn anblickte. Das ist zwar die einzige Stelle im Neuen Testament, an der ausdrücklich erwähnt wird, dass Jesus zornig wurde, aber ich meine, wir können zu Recht annehmen, dass Jesus sehr zornig war, als er die Geldwechsler aus dem Tempel trieb und bestimmte Leute Narren und Blinde, übertünchte Gräber, Mörder, Schlangen und elende Betrüger nannte (Matth. 23).

Nie war Jesus göttlicher als in solchen Augenblicken, in denen er seinen Zorn zum Ausdruck brachte. Oftmals gehen vollkommene Liebe und Zorn Hand in Hand; ja, der Zorn entspringt erst aus der vollkommenen Liebe.

Wir gläubigen Christen bedienen uns oft eines sprachlichen Kunstgriffes, der sich zwar recht gut anhört, der aber die Menschen in Verwirrung bringt. „Ich bin nicht ärgerlich oder gar zornig, sondern rechtmäßig entrüstet." Wir sollten vielmehr festhalten, dass es einen rechten Gebrauch des Zornes gibt und dass der Zorn an sich kein sündiges Gefühl ist. Das würde dann weniger Verwirrung stiften. Worauf es ankommt, ist, wie wir mit dem Zorn umgehen – wie wir ihn zum Ausdruck bringen und wie wir ihn lösen. Wenn wir aber diese unrealistische, falsche Vorstellung von einem Über-Ich haben, das Zornaufwallungen weder erleben noch ihnen Ausdruck verleihen darf, dann werden wir zum Musterbeispiel für ein zerstörtes Seelenleben und für Depressionen.

Dabei dürfen wir nicht Zorn und Groll miteinander verwechseln. Es gibt den Zorn, der sich selbst in der Gewalt hat und einen angemessenen Ausdruck findet, und den Zorn, der die Gewalt über sich selbst verliert und sich in unrechter Weise äußert. Wenn wir es nicht lernen, unserem Zorn in rechter Weise Ausdruck zu verleihen und ihn so loszuwerden, werden wir voller Groll und Bitterkeit. Viele Ehen wurden dadurch zerstört. Man hält seine tief sitzenden Gefühle unter Verschluss, lässt sie nur langsam an die Oberfläche treten und peinigt den anderen so mit vielen kleinen Nadelstichen.

Der Vollkommenheitsfanatiker kann es sich aber nie gestatten, seinem Zorn Ausdruck zu verleihen, ja er gestattet sich selbst sogar nicht einmal, sich bewusst zu werden, dass er zornig ist. Er streitet es ab und verdrängt es tief in sein Unterbewusstsein, wo es gärt und um sich frisst und sich in verschiedenen versteckten seelischen Problemen, Eheproblemen und sogar in manchen Formen von Krankheiten äußert.

Der Zorn ist eine von Gott in uns angelegte seelische Regung, ein Teil von Gottes Ebenbild in der menschlichen Persönlichkeit, und er soll zu konstruktiven Zwecken verwendet werden.

Das Über-Ich und die Auseinandersetzung

Das Über-Ich zementiert in uns die Auffassung, dass wir immer mit jedermann auskommen und von jedermann geliebt werden müssen, dass es deshalb auch unter Christen keine Auseinandersetzungen geben dürfe. Ist das biblisch begründet?

Nicht einmal zwei so herausragende Männer wie

Paulus und Barnabas konnten zusammenarbeiten. Es war sehr weise von ihnen, auseinander zu gehen, und es war sehr weise von der Urgemeinde, beiden die Hände aufzulegen, sie beide zu segnen und dann in entgegengesetzte Richtungen auszusenden. Gott gebrauchte ihr Menschsein dazu, zwei Missionsarbeiten zu gründen statt einer. Gott benutzte ihre Entzweiung sogar dazu, Johannes Markus zu verhelfen, im Glauben heranzureifen und „nützlich zum Dienst" zu werden (1. Tim. 4,11).

Wir können zwar nicht mit jedermann zusammenarbeiten, das heißt aber nicht, dass wir das Recht dazu haben, Groll gegen jemand zu hegen, zu hassen oder bitter zu sein. Damit ist nicht gesagt, dass man sich bei jedem Menschen wohl fühlen und ihn gern haben muss. Auf keinen Fall dürfen wir es zulassen, dass unser Über-Ich der böse Geist wird, der uns einredet, dass es immer unsere Schuld ist, wenn wir mit anderen nicht auskommen. Paulus hat nicht gesagt: „Wenn wir mit dem Heiligen Geist erfüllt sind, werden wir mit allen Menschen in Frieden leben und gut mit ihnen auskommen." Er hat vielmehr gesagt: „Ist's möglich, so viel an euch ist, so habt mit allen Menschen Frieden" (Röm. 12,18). Die Schwierigkeit muss nicht bei uns liegen. Das sollte man klar erkennen und sich nicht dauernd von seinem Über-Ich mit Vorwürfen und Anklagen überhäufen lassen.

Das eigentliche Ich stellt sich den Tatsachen, den notwendigen Auseinandersetzungen, ist aber dabei bemüht, dem anderen im Geist der Liebe gegenüberzutreten. Aber das eigentliche Ich weiß auch, dass es manchmal die beste oder sogar die einzige Lösung ist, sich im Frieden von einem anderen Menschen zu trennen.

Das Über-Ich und das Glücklichsein

Das Über-Ich glaubt, immer überglücklich sein zu müssen. Sind wir das aber immer? Sind wir nie deprimiert? Sprudelt es stets aus uns heraus: „Preis den Herrn!"? Haben wir keine Kämpfe zu bestehen? Kommt uns der Himmel niemals verschlossen vor? Tun wir manches, weil es die Pflicht erfordert, ohne uns dabei glücklich zu fühlen?

Im Garten Gethsemane sagte unser Herr zu seinen Jüngern: „Meine Seele ist betrübt bis an den Tod." Er krümmte sich auf dem Boden; er schwitzte Blut und focht einen schrecklichen Kampf zwischen seinen Gefühlen und seinem Willen aus. Seine Gefühle sagten: „Vater, du vermagst alles; nimm diesen Kelch von mir, wenn es möglich ist." Aber sein Wille war wie die Magnetnadel auf den Nordpol ausgerichtet: „Nicht mein, sondern dein Wille geschehe!" Und manchmal betrübt eine solche innere Auseinandersetzung unsere Seele bis ins Allerinnerste.

Glücklichsein hängt von äußeren Dingen und Verhältnissen ab, die wir nicht kontrollieren können. Freude dagegen ist die rechte Bezeichnung für das, was auf uns als Gläubige wartet, denn sie bezieht sich auf unser Innenleben, hat es mit inneren Beziehungen und nicht mit äußeren Umständen und Gegebenheiten zu tun. Freude ist die innere Ruhe im „Auge des Orkans"; Gefühle können stürmisch sein, aber gleichzeitig kann es tief in uns ein Empfinden geben, dass wir richtig handeln und den Willen Gottes tun. Das bedeutet aber nicht, sich die Über-Ich-Maske überziehen und mit einem Lächeln auf den Lippen und mit blitzenden Zähnen laut ausrufen zu müssen: „Preis den Herrn!"

Die Wirklichkeit des wirklichen Ichs

Als gläubige Christen dürfen wir Realisten sein. Das heißt, wir brauchen keine Angst davor zu haben, dass uns das Schlimmste, das Hässlichste und das Schmerzlichste zustoßen wird. Wir brauchen uns nicht davor zu scheuen, unsere Gefühle des Kummers, des Leides, des Verletztseins, der Einsamkeit, der Anfechtung und sogar der Niedergeschlagenheit zum Ausdruck zu bringen. Manchmal können uns sogar Gefühle der Niedergeschlagenheit überfallen wie bei Elia nach seinem größten Triumph: „O Herr, es ist genug. Lass mich sterben!"

Jesus ist darin Vorbild, der seine Gefühle nicht verbarg. Richte dich deshalb nach Jesus, nicht nach einem selbstquälerischen Über-Ich! In Jesus Christus brauchst du nie davor Angst zu haben, deine eigentlichen Gefühle zum Ausdruck zu bringen und du selbst zu sein. Wenn wir unsere Zeit damit verschwenden, unser Über-Ich darstellen zu wollen, schadet das unserem geistlichen Wachstum und raubt uns die Freude. Wir hindern zudem Gott daran, unser eigentliches Ich anzunehmen, für das Jesus gestorben ist. Das Über-Ich ist eine Einbildung unserer Gedankenwelt, ein falsches Bild, ein Götzenbild! In Jesus aber können wir ganz wir selbst sein und brauchen uns mit niemand anderem zu vergleichen. Er möchte uns heilen und uns verändern, damit unser eigentliches Ich zu der Persönlichkeit heranreifen kann, zu der Gott uns bestimmt hat.

Das Über-Ich stirbt schwer, das religiöse Über-Ich stirbt am allerschwersten. Hier brauchen wir alle die Hilfe des Heiligen Geistes. Wenn wir aufhören, unsere geistlichen Kräfte an dieses Über-Ich zu verschwenden und in der Zusammenarbeit mit dem Heiligen Geist damit beginnen, diese Kräfte für ein echtes Wachstum im Glauben einzusetzen, werden wir frei von dem Falschen „sollte" und „müsste", frei vom Lob oder vom Tadel anderer, frei von der schrecklichen Anklage, es bestehe eine Leistungslücke zwischen dem, was wir zu sein versuchen, und dem, was wir wirklich sind.

Was füllt nun diese Lücke in unserer Leistungsfähigkeit aus?

Ich habe eine gute Nachricht für Sie: Vom Kreuz Jesu Christi werden uns alle Vollkommenheiten Jesu als ein freies Gnadengeschenk gegeben, und sie sind mehr als ausreichend, alle Lücken unseres Lebens auszufüllen.

Paulus sagt das treffend: „Von ihm kommt auch ihr her in Christus Jesus, der uns gemacht ist zur Weisheit, zur Gerechtigkeit, zur Heiligung und zur Erlösung" (1. Kor. 1,30).

10. Dichtung und Wahrheit über Depressionen

„Was betrübst du dich, meine Seele, und stürmst so ruhelos in mir? Harre auf Gott! denn ich werde ihm noch danken, ihm, meines Angesichts Hilfe und meinem Gott. O mein Gott, betrübt ist meine Seele in mir ... Flut ruft der Flut zu beim Tosen deiner Wasserstürze, ach, alle deine Wogen und Wellen sind über mich hingegangen. Meine Tränen sind meine Speise geworden bei Tag und bei Nacht, weil man den ganzen Tag zu mir sagt: ‚Wo ist nun dein Gott?‘“
(Psalm 42,6-8.4)

Depressionen kommen unter gläubigen Christen häufig vor. Warum? Das ist doch ein Widerspruch in sich, geradezu unvereinbar. Wenn ein Mensch aus dem Geist Gottes wieder geboren und mit dem Geist erfüllt ist, ist es dann nicht ganz unmöglich, dass er Depressionen bekommt? Die Tatsache, dass ein gläubiger Christ an Depressionen leidet, muss dann doch ein Anzeichen dafür sein, dass bei ihm etwas nicht stimmt, dass in seinem Verhältnis zum Herrn etwas geradegebogen werden muss, dass bei ihm eine Sünde vorliegt.

Das hört sich alles sehr gut und einleuchtend an, hält aber der Prüfung durch die Schrift nicht stand und widerspricht sowohl den Alltagserfahrungen im Leben eines Gläubigen als auch den eigentlichen Vorgängen in seinem Seelenleben. Und ganz gewiss deckt es sich nicht mit den Lebensberichten heiliger Menschen.

Gläubige Christen können Depressionen haben

Wann haben wir die Psalmen Davids zum letzten Mal gelesen?

„Warum betrübst du dich, meine Seele?"
(Ps. 42, 5).

„O mein Gott, betrübt ist meine Seele in mir"
(Ps. 42,7).

„Warum betrübst du dich? Hoffe auf Gott, denn ich werde ihm noch danken, dass er meines Angesichts Hilfe ist" (Ps. 43,5).

Haben wir Elia zugehört?

„O Herr, nimm mein Leben hinweg"
(1. Kön. 19,4). Oder Jona? „Ich will lieber sterben als leben" (Jona 4,3).

Haben wir gehört, wie Jesus im Garten Gethsemane in Schmerzen und im Gebet darniederlag? „Meine Seele ist betrübt bis an den Tod" (Matth. 26,38). Können wir irgendwo bessere Beschreibungen einer Depression finden – einer Depression, in der der Mensch fast am Leben verzagte? Viele der Psalmen, in denen es um Depressionen geht, sprechen von dem Angesicht eines Menschen. Wie zutreffend ist das! Ein deprimierter und niedergeschlagener Mensch trägt ein elendes Angesicht. Er sieht besorgt, bekümmert und unglücklich aus, als ob er die Last der ganzen Welt auf den Schultern trüge.

Ein weiteres, sehr häufig auftretendes Kennzeichen von Depressionen sind Tränen. „Meine Tränen sind meine Speise Tag und Nacht" (Ps. 42,4), sagt der Psalmist. Dies ist eine erstaunlich treffende psychologische Aussage. Bei Depressionen verliert man oft den Appetit. Man hat einfach keine Lust zum Essen. Weil einem das Essen zuwider ist, lebt man von Tränen statt vom Essen. Man kann nicht aufhören zu weinen, und dadurch verstärken sich natürlich die Depressionen.

Die Bibel ist viel wirklichkeitsnäher und freundlicher uns gegenüber, als es manche Gläubige sind. Sie zeigt ganz deutlich, dass gläubige Menschen sehr niedergeschlagen sein können. Auch die Lebensgeschichten heiliger Menschen reden davon. Von John Wesley kennen wir seine großartige Bekehrungsgeschichte. Wie aber hat dieser Mann Gottes auch unter Depressionen gelitten, war niedergeschlagen und verzweifelt.

Das Buch von Clarence Hall „Samuel Logan Brengle, Porträt eines Propheten" ist die Lebensbeschreibung eines bedeutenden Glaubensmannes aus der Heilsarmee. Brengles altbewährte Schriften über ein Leben in der Heiligung sind in Dutzende von Sprachen übersetzt. Mit ihrer Hilfe sind Millionen von Gläubigen dazu angeleitet worden, ein tiefer in Christus gegründetes Leben zu führen.

Hall berichtet: „... dann überkam ihn stets ein Kampf mit seiner Gefühlswelt, wobei sich eine anlagebedingte Melancholie auf ihn senkte." In einem Brief schreibt Brengle: „Meine Nerven waren zerlumpt, zerfetzt, erschöpft. Und eine solche Düsternis und eine so schwere Depression legten sich auf mich, wie ich sie noch nie gekannt habe, obwohl mir Depressionen schon lange bekannt sind." Später litt er an einer Kopfverletzung, nachdem während einer Straßenversammlung ein Betrunkener Brengle einen Ziegelstein an den Kopf geworfen hatte. Die Komplikationen, die sich aus dieser Verletzung ergaben, verstärkten die Depressionen, mit denen er ein Leben lang zu kämpfen hatte und die „ihm schon lange bekannt waren", wie er es nannte. Und doch hat kaum ein Mensch ein geheiligteres Leben geführt als Samuel Logan Brengle.

Bevor man sich mit Depressionen befasst, muss man sie zugeben. Viele Gläubige machen es sich dadurch noch schwerer, dass sie ihre Depressionen abstreiten. So kommt dann noch Schuld dazu, wodurch sich die Belastungen verstärken. Nehmen wir einmal an, dass eine schwere Depression so viel wiegt wie eine Tonne. So kommt es einem zumindest vor. Es ist schlimm, eine Tonne auf dem Rücken tragen zu müssen, vielleicht aber haben wir sogar die Kraft dazu. Wenn wir dieser Last aber noch Schuld hinzufügen, vergrößern wir die Last, und ein solches Gewicht kann niemand dauernd mit sich herumschleppen, ohne darunter zusammenzubrechen. Depressionen sind nicht unbedingt ein Zeichen dafür, dass wir auf geistlichem Gebiet versagt haben. Die Schrift berichtet uns, dass sich Depressionen nach schweren geistlichen Kämpfen und Siegen einstellen können. So trug es sich im Leben Elias zu. Nach seinem größten Triumph über die Baalspropheten auf dem Karmel finden wir ihn zerbrochen und verzweifelt unter dem Wacholderbusch. Er bittet Gott, sein Leben von ihm zu nehmen. Abraham erging es ähnlich (1. Mose 15). Und vielen von uns ist es auch schon so ergangen. Depressionen können der seelische Rückschlag nach großen Anstrengungen sein, wie der Rückstoß nach dem Abfeuern eines Gewehres. Sie sind der Rückprall der Natur oder das Ausgleichsrad, was C. S. Lewis das „Gesetz des Pendelns" in der Persönlichkeit eines Menschen nennt.

Leider können manche unserer gläubigen Freunde an diesem Punkt zu unseren schlimmsten Feinden werden und uns falsche und wirklichkeitsfremde Ratschläge erteilen. Es gibt Christen, die nur wenig von Depressionen verstehen. Weil sie kaum davon betroffen werden, haben sie kein Verständnis für andere, die an Depressionen leiden. Das kann dann besonders grausam sein, wenn zwei Menschen miteinander verheiratet sind, wo einer unter Depressionen zu leiden hat und der andere nicht und dieser dann vielleicht gar noch die depressive Stimmung des anderen benutzt, um ihn geistlich damit zu maßregeln.

Es ist gefährlich, anzunehmen, dass wir, weil wir nie unter Depressionen zu leiden haben, auf geistlichem Gebiet eine größere Höhenlage erreicht haben. C. S. Lewis hat darauf hingewiesen, dass unser gutes Verhalten oft lediglich etwas mit unserem Temperament und unserer Veranlagung, nicht aber mit unserer geistlichen Höhenlage zu tun hat.

Depressionen und Schuld

Es gibt aber auch Depressionen, die von Sündenschuld, von bewusstem Ungehorsam und von Übertretungen herrühren. Wie kann ich erkennen, ob bei mir die Depressionen von der Sünde kommen? Das ist eine gute Frage, vor allem dann, wenn wir zu den Vollkommenheitsfanatikern gehören und an einem überempfindlichen Gewissen ebenso zu leiden haben wie an der Tyrannei des „sollte eigentlich" oder an einem beständigen Gefühl der Unbehaglichkeit, der Furcht oder der Selbstverdammung. Ich möchte Ihnen eine allgemeine Richtlinie zeigen, die ich für sehr hilfreich halte. Ein konkretes, sachbezogenes Schuldgefühl, das mit einem genau bestimmbaren

Vorgang oder einer genau bestimmbaren Einstellung im Zusammenhang steht, ist im Allgemeinen ein echtes und zuverlässiges Schuldgefühl. Es handelt sich dann um echte Depressionen für echte Übertretungen.

Ein unbestimmtes, allumfassendes Gebilde von systematischen Selbstvorwürfen, allgemeinen Angst- und Verdammungsgefühlen, die man nicht genau fixieren kann, sind im Allgemeinen Zeichen einer Scheinschuld. Es handelt sich dann um Depressionen, die aus den Tiefen unserer Gefühlswelt aufsteigen. Sünde kann zu Depressionen führen, aber nicht alle Depressionen kommen von der Sünde. Die Wurzeln unserer Depressionen liegen oft tief und sind sehr kompliziert, ebenso kompliziert wie viele Wunden und Narben, die aus der Kindheit herrühren und die die Menschen bis ins Erwachsenenalter mit sich herumschleppen.

Depressionen und Persönlichkeit

Depressionen haben es mit dem Aufbau unserer Persönlichkeit, mit unserer körperlichen Veranlagung, den chemischen Vorgängen in unserem Körper, der Funktion bestimmter Drüsen, mit Gefühlsabläufen und angelernten Gefühlsvorstellungen zu tun. Als gläubige Christen müssen wir das erkennen und annehmen.

Die neue Geburt ändert nichts an unserer ursprünglichen Veranlagung. Sie kann in uns, wie es Oswald Chambers so gerne ausdrückt, „die Wesensart Jesu Christi anlegen". Die Tatsache aber, dass wir gläubig geworden sind, bedeutet nicht, dass wir von da an aufhören, als wir selbst zu leben. Paulus war nach seiner Bekehrung immer noch ganz Paulus, Petrus war noch Petrus, und Johannes war Johannes. Sie wurden keine anderen Menschen. Nach Gottes Plan sind niemals zwei Dinge völlig gleich. Keine Schneeflocke ist wie die andere. Durch große Vielfalt in der Einheit erweist Gott die Wunder seiner Wege. Jeder von uns ist verschieden in seiner Veranlagung und seiner Wesensart. Wir sehen, fühlen, reagieren und deuten jeder die Umwelt anders. Der Apostel Paulus sagt: „Wir haben aber solchen Schatz in irdenen Gefäßen" (2. Kor. 4,7). Von ihrem Wesen und ihrer Veranlagung her sind manche Menschen nervös, ängstlich und schüchtern. Sie sind überempfindlich. Ihre Gefühle sind leicht zu beeinflussen und umzustimmen. So stark wie er war, ging Paulus doch nach Korinth in „Schwachheit und Furcht, mit großem Zittern" (1. Kor. 2,3). Er war ein streitbarer junger Mann, „nach außen waren Kämpfe, nach innen Furcht" (2. Kor. 7,5). Das galt sicher auch für den jungen Pastor Timotheus. Der ganze zweite Timotheusbrief wurde wohl nur deshalb von Paulus geschrieben, weil er Timotheus aus seiner Depression herausholen wollte. Menschen, die extrem introvertiert und empfindlich sind, haben oft die schlimmsten Probleme mit Depressionen.

Viele der Depressionen, die uns befallen, lassen sich darauf zurückführen, dass es uns nicht gelingt, uns realistisch mit ihnen auseinanderzusetzen. Wenn wir meinen, dass es zwischen der natürlichen Seite unserer Veranlagung und Wesensart und der übernatürlichen Seite unseres geistlichen Lebens und Wesens keinen Zusammenhang gäbe, dann irren wir uns gründlich. Sowohl unser Gefühlsleben als auch unser Glaubensleben arbeitet auf Grund dessen, wie unsere Persönlichkeit veranlagt ist. Gott handelt mit uns nicht in einer Weise, die unsere persönliche Veranlagung umgeht oder ausschaltet. Er bohrt kein Loch in unseren Schädel und gießt seine Gnade durch einen magischen, mystischen Trichter hinein. Die Vorgänge, die sich in unserem Glaubensleben vollziehen, sind die gleichen, mit denen unser Gefühlsleben arbeitet.

Stellen wir uns eine Stereoanlage mit Fernseher, Radio und Plattenspieler vor, so ein richtiges Prachtstück. Aber wenn in diesem umfangreichen System nur ein Transistor ausfällt oder ein Kabel zerstört wird, fällt die ganze Anlage aus. Alle Teile sind miteinander verbunden und voneinander abhängig. Sie funktionieren durch das gleiche System.

Depressionen können viele Ursachen haben, nicht nur geistliche. Sie kommen, wenn etwas an der Anlage nicht funktioniert, vielleicht im körperlichen Bereich oder im Verhältnis unserer seelischen Struktur zu unserer gesamten Wesensart. Transistoren sind defekt geworden, ein Kabel ist durchgebrannt, und das schlägt sogar durch bis in unser Glaubensleben.

Hören wir noch einmal Brengle, jenen geheiligten Menschen. Er schreibt von sich: „Mich überfiel eine solche Schwermut und eine solche Depression, wie ich sie noch nie erlebt hatte ... Gott schien nicht zu existieren. Das Grab schien mein Ziel zu sein. Das Leben verlor allen Glanz, alle Anziehungskraft, alle Bedeutung ... Das Gebet brachte mir keine Erleichterung. Ich hatte anscheinend alle Gebetsfreudigkeit und Gebetskraft verloren."

Um unser eben angeführtes Beispiel zu verwenden: Beim Sender stimmte alles. Die Radiostation strahlte

Musik aus, die Fernsehanstalt die richtigen Bilder, aber der einzige Ton, der zu hören war, war ein gleichmäßiges Rauschen, und statt des Bildes sah man nur „Fernsehschnee". Warum? Weil beim Empfängerteil etwas nicht in Ordnung war. So verhielt es sich bei Brengle. Doch beachten wir, was er sagte. Er gebrauchte das Wort „schien". „Es *schien*, als ob Gott nicht existierte ... Es *schien*, als sei das Grab mein Ziel." Und Brengle selbst unterstrich das Wort „schien".

Haben Sie schon einmal erlebt, wie sich Ihre Gefühle vollständig veränderten? Man legt sich abends ins Bett und alles ist wunderschön. Man wacht am nächsten Morgen auf, und nichts ist wunderschön. Wir können nicht begreifen, wie es dazu kam.

Gestern war man noch glücklich. Man freute sich auf einen herrlichen Tag. Aber irgendetwas kam dazwischen und unsere Stimmungslage wurde eine ganz andere. Unsere Gefühle, unsere Handlungsweise und unsere Auslegungen sind in derselben Sache, die sich gestern ereignete, heute ganz andere. Darin stehen wir nicht allein. Gott ist gegenwärtig, aber der Teufel ist es auch. Satan sitzt auf der anderen Seite des Bettes und findet eine Öffnung, durch die er bis in unser innerstes Wesen vordringen kann. Weil Satan zur geistigen Welt gehört, weiß er, was wir noch lernen müssen –, dass das, was auf das Natürliche einwirkt, auch das Geistliche beeinflusst. Deshalb versucht Satan, eine aus der natürlichen Veranlagung stammende Depression in eine geistliche Niederlage umzumünzen. Er versucht stets, seelische Depressionen in geistliche Niederlagen zu verwandeln. Er möchte eine ausgebrannte Gefühlsregung bei uns in ein ausgebranntes Vertrauen umwandeln. Ihm sind unsere Schwächen bekannt. Er kennt auch die Tiefen unseres Gemütes und dringt vor bis in das tiefste Innerste unseres Wesens.

Wissen wir eigentlich, was Satan gewinnen möchte? Er will uns dahin bringen, dass wir schmollend den Rückzug antreten. Er möchte die natürliche Stimmung der Depressionen in eine geistliche Niederlage, in Zweifel und Verzagtheit umwandeln.

Die Annahme unserer Persönlichkeit

Ich bitte Sie dringend, Ihre Persönlichkeit so anzunehmen, wie sie ist, und zu Ihrem Temperament ja zu sagen. Im innersten Wesen wahr zu sein heißt, dass wir uns nicht länger dem widersetzen, was wir eigentlich sind. Hören Sie auf, Ihr Temperament als Feind zu bekämpfen, und fangen Sie an, es als eine Gabe aus Gottes Hand zu nehmen.

Ich persönlich habe viele Jahre damit zugebracht, mich selbst zu bekämpfen und zu versuchen, jemand anderes zu sein. Ich führte den Krieg gegen mein nervöses, reizbares Temperament, ich ärgerte mich darüber und versuchte, jemand anderes zu sein. Die Wende kam, als ich mich so annehmen konnte, wie ich bin. Eines Tages sagte der Herr zu mir: „Du, das ist alles, was ich für dich habe. Du bekommst von mir keine andere Persönlichkeit. Das Beste ist, du wirst einmal ganz ruhig und lebst damit und lernst es, damit etwas anzufangen. – Und noch etwas: Wenn du mir dein eigentliches Ich in die Hand gibst – nicht dein Über-Ich, das du ja gar nicht bist, dann werden wir beide gut miteinander auskommen, dann kann ich dich gebrauchen, und zwar so, wie du bist."

Der erste Schritt, aus der Depression herauszukommen, ist der, dass wir es lernen, uns so anzunehmen, wie wir sind. Das heißt nicht, dass wir unser Temperament über uns herrschen lassen sollen. Wenn wir bekehrt sind, soll der Heilige Geist über uns herrschen. Aber der Heilige Geist kann nur das erfüllen und beherrschen, was wir ihm ausliefern. Wir können unser Temperament nicht ändern, wir können es aber vom Heiligen Geist beherrschen lassen.

Brengle berichtet weiter: „Das Gebet brachte mir keine Erleichterung. Ja, ich hatte anscheinend den Gebetsgeist und die Gebetskraft verloren. Dann erinnerte ich mich, dass ich eigentlich Gott loben und danken sollte, obwohl ich in mir nicht den Geist des Gebetes und der Danksagung verspürte. Alles Gefühl außer dem der äußersten Niedergeschlagenheit und Düsterkeit war von mir gewichen. Aber als ich anfing, Gott für die Prüfungszeit zu danken, verwandelte sie sich in Segen. Es wurde ganz langsam immer heller und das Licht durchbrach die Finsternis. Die Depression verging, das Leben war wieder schön und lebenswert und die Gnade strömte erneut hinein."

Darauf kommt es an! Brengle sagte: „... dann erinnerte ich mich." Paulus schrieb an Timotheus: „Ich rufe dir in Erinnerung." Erinnern Sie sich daran, dass sich die Liebe Gottes nicht auf Ihr Gefühl gründet und auch nicht auf Ihre Leistung, nicht einmal auf Ihre Liebe zum Herrn. Seine Liebe beruht auf seiner Treue. Die unwandelbare Liebe des Herrn hört nie auf. Seine Gnade hat kein Ende. Sie ist alle Morgen neu: „Deine Treue ist groß. Der Herr ist mein Teil ... Daher hoffe ich auf ihn" (Klagel. 3,23.24).

11. Wie können wir mit der Depression fertig werden?

„Wir haben aber diesen Schatz in irdenen Gefäßen, damit die überschwängliche Fülle der Kraft sich als die Kraft Gottes erweise und nicht als von uns ausgehend. Allenthalben sind wir bedrängt, aber nicht erdrückt; geängstigt, aber nicht in Verzweiflung; verfolgt, aber nicht im Stich gelassen; zu Boden geworfen, aber nicht ums Leben gebracht. – Darum sind wir auch nicht verzagt, sondern wenn auch unser äußerer Mensch aufgerieben wird, empfängt doch unser innerer Mensch Tag für Tag neue Kraft.“
(2. Korinther 4,7-9.16 nach Menge)

Wenn wir ehrlich sind und zugeben, dass wir uns depressiv fühlen, sagen wir Gott damit nichts Neues. Ihm sind solche Gefühle bekannt. In seinem Sohn hat er sie durchgemacht, als er sich völlig uns gleichstellte. Und er ist bei uns und versteht uns und hilft uns. Wenn wir zu unserer Depression stehen und uns zugleich prüfen, können wir positive Schritte unternehmen, damit wir heil werden.

Leben Sie über Ihre Kräfte?

Es gibt bei uns Grenzen der körperlichen, der seelischen und der geistigen Leistungsfähigkeit, und diese gilt es zu beachten. Bekommen Sie genügend Schlaf? Gelegentlich sind wir alle einmal gefordert und bekommen zu wenig Ruhe, wir haben aber Reserven, von denen wir zehren können. Doch wenn wir aus der Ausnahme die Regel machen, leben wir in einem ständigen Erschöpfungszustand. Wenn Sie sich so verhalten, dann kann ich Ihnen garantieren, dass Sie an behandlungsbedürftigen Depressionen leiden werden. Sie werden sich vorkommen wie der Mann, der von sich sagte, dass er nicht nur eine Identitätskrise, sondern auch eine Leistungsfähigkeitskrise hätte. Er wusste nicht, wer er war. Er war einfach zu müde, um das herauszufinden!

Ich möchte Ihnen eine Frage beantworten, bevor Sie sie stellen: Nein, es kommt nicht darauf an, ob Sie im Dienst des Herrn stehen oder nicht! Gott setzt seine Gesetze nicht außer Kraft und macht aus Predigern, aus Missionaren, aus Übererfolgreichen und aus überbeschäftigten Gemeindemitarbeitern keine aufgeputzten Supermänner. Auch sie unterstehen den Gesetzen, die er in unseren Leib und in unsere Seele eingegeben hat. Man kann diese Gesetze nicht in schöner Regelmäßigkeit missachten und dann erwarten, dass alles schon gut gehen wird. Was für eine Last schleppen Sie mit sich herum? Für wen halten Sie sich überhaupt? Für Gott? Dieses Problem überlassen Sie schön den Vollkommenheitsfanatikern!

Essen Sie genug, und essen Sie regelmäßig? Meine Nichte ist Ärztin und hat sich auf Intensivpflege spezialisiert. Als ich sie fragte: „Was tut man, wenn depressive Menschen, die einen Selbstmordversuch gemacht haben, auf die Intensivstation gebracht werden?", gab sie folgende überraschende Antwort: „Manchmal bringen wir ihnen zuerst etwas zu essen, oftmals ein ausgiebiges Mittagessen mit einem saftigen Steak. Sie haben meistens zu wenig Protein. Wir machen oft die Entdeckung, dass sie zwei oder drei

Tage nichts Richtiges gegessen haben. Ihr Protein-spiegel ist niedrig. Infolgedessen sind ihre Kraft-reserven gering und ihre Neigung zu Depressionen ist sehr groß." Es gibt Christen, die ständig die kör-perliche Seite ihrer Existenz vernachlässigen und sich dann verwundert fragen, warum sie Depressionen haben.

Haben Sie je darüber nachgedacht, dass Ihre De-pressionen unter Umständen das Warnungssignal sind, mit dem Gott Ihr Lebensschiff steuern möch-te? Er versucht dadurch, Ihnen eine langsamere Gang-art anzugewöhnen und Ihr Gefühlsleben ins Gleich-gewicht zu bringen, weil Sie dauernd versuchen, über Ihre eigentlichen Möglichkeiten zu leben. Wenn aber der Sklaventreiber des Vollkommenheitsstrebens ver-sucht, Sie mit einem Gefühl des „sollte eigentlich" anzutreiben, dann überlasten Sie Ihren seelischen Motor und bezahlen als Preis dafür mit chronischen Depressionen.

Wie reagieren Sie?

Das, was Ihnen widerfährt, ist nicht so wichtig wie die Art und Weise, in der Sie darauf reagieren. Es gibt bestimmte Arten des Reagierens, die eine Ket-tenreaktion auslösen können, die dann zu seelischer und geistiger Verstimmung führt!

Ist Ihnen irgendetwas passiert, das Ihrem Ich ei-nen Schlag versetzt hat? Hat man Sie schwer ent-täuscht? Als Sie sich so viel Mühe gaben, haben Sie da eine Zwei statt einer Eins bekommen? Vielleicht haben Sie erlebt, wie tief eine Verletzung, ein Verlust oder das Zerbrechen einer Familie durch Tod oder

Scheidung schmerzen kann. Oder, was zwar geringfügiger ist, im Jugendalter aber ebensolche Schmerzen bereiten kann: eine Freundschaft mit einem Jungen oder einem Mädchen ist auseinander gegangen. Es sind schon viele junge Menschen zu mir gekommen, die zu mir gesagt haben: „Meine Freunde regen sich alle so über mich auf und sagen: ‚Das dürfte bei dir nicht vorkommen, wenn du wirklich im Glauben stehst!'" Wie grausam können wir doch den jungen Menschen gegenüber sein, wenn wir solche wirklichkeitsfremden Maßstäbe anlegen. Wenn wir vertraute, sichere, angenehmere Orte und Gesichter hinter uns lassen und in eine fremde und neue Umgebung kommen, dann sind das ebenfalls Schläge, die zu Depressionen führen können. Manchmal ist es ein Überraschungsschlag, der uns trifft, wenn wir nicht wachsam sind. Die Hauptschlacht haben wir gewonnen. Wir haben die Panzer und die schwere Artillerie überwunden, aber dann hat uns so ein kleiner Heckenschütze aus dem Gebüsch erwischt. So erging es dem Propheten Elia. In einer der dramatischsten Auseinandersetzungen in der ganzen Geschichte stand er 400 feindlichen Priestern gegenüber. Er besiegte sie alle. Dann aber kam ihm eine beißende, schnippische Bemerkung der Isebel, Ahabs Frau, zu Ohren: „Sagt doch dem Propheten, dass ich ihm sein Leben so erbärmlich gestalten will, dass er bei Sonnenuntergang wünschen wird, er wäre tot" (1. Kön. 19,2).

So begann es: „Wenn du nicht bis Sonnenuntergang aus der Stadt verschwunden bist ..." Elia war vom Kampf erschöpft. Als ihn Isebels Heckenschützenkugel traf, versank er in selbstmörderische Depression. Da wandte Gott bei ihm die Technik der Intensivpflege an. Zuerst sandte er die Raben, die Elia mit Brot – Protein – versorgten. Dann schenkte er ihm ein neues Wahrnehmungsvermögen: „Du bist nicht der Einzige, mein Freund; es sind noch 7000 andere da. Das hast du vergessen." Es dauerte gar nicht lange, bis Elias Seele und Geist wieder in ein normales Gleichgewicht kam.

Es gibt nach meinen Beobachtungen in der Hauptsache drei Reaktionen, die zu Depressionen führen. Es sind dies Unschlüssigkeit, Zorn und ein Gefühl, ungerecht behandelt worden zu sein.

1. Unschlüssigkeit. Schieben Sie es stets auf, eine Entscheidung zu treffen, wenn sie erforderlich ist? Verhalten Sie sich im Normalfall so? Wenn das der Fall ist, dann haben Sie einen eingebauten Depressionsmechanismus in sich, der Ihren Seelenfrieden zerstört und der in vermehrtem Maß in Ihnen das Gefühl hervorruft, in eine Falle geraten zu sein. Viele depressive Menschen fühlen in sich eine Kraftlosigkeit, die sie sagen lässt: „Ich bin in eine Falle geraten. Ich sehe keinen Ausweg." Man könnte doch die gleiche Energie dazu verwenden, die Entscheidung nicht aufzuschieben, sondern sie zu treffen und sie auszuführen. Wenn man seine Energie dazu verwendet, einen konstruktiven Entschluss zu treffen, dann ist das ein guter Weg, um Depressionen zu entgehen. Schieben Sie die Entscheidungen auf, weil Sie davor Angst haben, nein zu sagen? Weil Sie Angst davor haben, jemand zu verletzen? Es gibt Lagen, aus denen man nie herauskommt, ohne jemand zu verletzen. Wenn Sie die Entscheidung hinausschieben, dann verletzen Sie zu guter Letzt die anderen doppelt und werden selbst deprimiert. Haben Sie Angst davor, ja zu sagen? Fürchten Sie sich vor Verantwortung und Risiko? Wenn Sie dasitzen, sich die beiden

Wege ständig anschauen und keine Entscheidung treffen, werden Sie am Ende zu einem richtigen Zweifler. Und ein „Zweifler ist unbeständig in allen seinen Wegen" (Jak. 1,8). Unschlüssigkeit geht oft der Depression voraus.

2. Zorn. Die kürzeste Definition einer Depression, die ich kenne, lautet: Depression ist eingefrorene Wut. Wenn Sie ständig ernste Schwierigkeiten mit Depressionen haben, dann hat sich in Ihrem Leben an einer bestimmten Stelle der festgefahrene Groll noch nicht gelöst. So sicher wie die Nacht dem Tag folgt, folgen Depressionen ungelöster, unterdrückter, kultivierter Bitterkeit.

3. Ungerechtigkeit. Bei Vollkommenheitsfanatikern ist das Gefühl für Recht und Unrecht völlig aus dem Gleichgewicht geraten. Sie fühlen tief in sich den Drang, alles Unrecht dieser Welt zurechtbringen zu müssen und das Unkraut auszureißen, das zusammen mit dem Weizen aufwächst. Nun ist das ein wertvolles Gefühl. Jeder Reformator, Prediger oder Missionar hat es und es sollte bis zu einem gewissen Grad bei jedem Gläubigen vorhanden sein. Wenn ein solches Gefühl für das Unrecht dem Herrn ausgeliefert, von ihm gereinigt und vom Heiligen Geist regiert wird, kann es zu einem sehr brauchbaren Werkzeug in Gottes Händen werden, „um schriftgemäße Heiligkeit zu verbreiten und das Volk zu reformieren", wie John Wesley es gesagt hat. Aber wenn es den Händen entgleitet, wenn es aus dem Gleichgewicht geraten ist und wenn das zugrunde liegende Problem des Zorns ungelöst dahinter steht, ist solch ein Gefühl für Unrecht etwas sehr Zerstörerisches, was Depressionen hervorruft und gute persönliche Kontakte zerreißt.

Mir ist kaum je ein Vollkommenheitsfanatiker begegnet, der sich nicht gleichzeitig schrecklich ungerecht behandelt gefühlt hätte. Die einzige Antwort auf den tief sitzenden Groll, auf die Ungerechtigkeiten des Lebens, ist Vergebung. Wer braucht diese Vergebung am häufigsten? Eltern und Familienmitglieder! Nur allzu oft liegen die Wurzeln der Depression tief im Erdreich des frühen Familienlebens vergraben. Und wenn wir es nicht lernen, mit diesen Wurzeln des Zorns ganz ehrlich umzugehen, zu unserem Groll zu stehen und zu vergeben, leben wir in einem Gewächshaus, in dem ganz bestimmt die Depressionen blühen.

Die Geschichte einer Vergebung

Maria und Martha, zwei Schwestern, waren gegensätzliche Naturen. Maria ging gern aus sich heraus. Sie war eine lebhafte Blonde. Martha war eine stille und sehr begabte Brünette. Sie kam zu mir zur Aussprache, weil sich bei ihr ein Verhältnis mit einem netten jungen Mann anbahnte. Aber es kam auch ein ganzer Packen von seelischen Problemen zutage, Depressionen und ein zorniges Herumnörgeln an dem jungen Mann. Sie wollte ihn lieben und lernte das auch, aber es versetzte ihr einen Schock, als sie merkte, dass sie ihn auch „in Stücke reißen" und verletzen wollte. In der Rückschau wurde ihr klar, dass ihr Verhalten gegenüber jungen Männern schon jahrelang von solchen Gefühlen geprägt war. Es kam eine ganz tief sitzende Verbitterung zutage, die hauptsächlich gegen ihre Eltern gerichtet war. Martha fand dafür Vergebung, so dass Liebe an die Stelle von Hass trat.

Aber eines Tages stellte sich heraus, dass Marthas eigentliches Problem Maria hieß. Urplötzlich marschierten alle zornigen Erinnerungen auf dem Bildschirm ihrer Vorstellungswelt auf. So weit sie zurückblicken konnte, bestand ihr Leben aus immer neuen Vergleichen – mit Eltern, Lehrern, Freundinnen, Predigern und Nachbarn.

Als wir anfingen, für die Heilung dieser Erinnerungen zu beten, und als sie bereit war zu vergeben, sich vergeben zu lassen und es Gott anheim zu stellen, ihre Gefühle zu ändern, da war es so, als würde der Heilige Geist einen Vorhang zurückziehen und Martha eine ganze Kette von Einsichten offenbaren. Und sie betete: „Herr, ich merke, dass alles, was ich je gesagt, gedacht, getan oder mir vorgenommen habe, nur auf Maria bezogen war. Sie hat mein Leben bestimmt, sie hat mich regelrecht besessen, sie hat fast deinen Platz in meinem Leben eingenommen."

Martha hatte sich nie ein Kleid ausgesucht, nie einen Kurs auf der Universität belegt, nie einen Freund gehabt, sich nie ein Ziel gesetzt oder überhaupt je eine Wahl getroffen, ohne das Gefühl zu haben, dass sie mit Maria in Konkurrenz lebte. Und all die versteckten Verletzungen und Zornausbrüche hatten sie gefühlsmäßig zur Sklavin ihrer älteren Schwester werden lassen. Welch einen Kampf kostete es sie, die vermeintlichen Ungerechtigkeiten zu vergeben, die ihr beim Vergleichen aufgestoßen waren, und ebenso die Bevorzugungen, die ihrer Schwester zuteil geworden waren. Martha machte einen Gebetskampf durch. Am Ende waren wir beide erschöpft. Aber nach diesem Gebetsringen konnte Martha wirklich vergeben. Sie war frei geworden von dem hasserfüllten, eifersüchtigen, zornigen kleinen Mädchen, das sie noch in sich trug und das nie erwachsen geworden war.

Das Beste geschah Monate später, als sie sagte: „Ich bin neu geboren. Meine Depressionen sind jetzt nur noch ganz normale Stimmungsschwankungen; schwarze Abgründe kenne ich nicht mehr. Und was das Allerbeste ist, ich habe herausgefunden, dass ich ein ganz anderer Mensch bin als der, für den ich mich hielt. Ich bin frei! Ich habe meine eigenen Vorstellungen, meinen eigenen Geschmack. Ich treffe meine eigene Wahl und setze mir meine eigenen Ziele. Ich bin so glücklich, dass ich jetzt ich selbst bin!" Sogar der Ausdruck auf ihrem Gesicht hatte sich verändert. Mit der Zeit wurde Martha gesund und fühlte sich frei, um sich verlieben zu können. Warum? Weil sie ihr Verletztsein, ihren Zorn und das Gefühl, unrecht behandelt zu werden, offen zugegeben und es der Liebe Gottes gestattet hatte, das alles abzuwaschen.

Gibt es irgendwo in unserem Leben noch eingefrorene Liebe zu Eltern, zu Familienmitgliedern? Sind wir auf Gott zornig? Viele Menschen müssen Gott vergeben, nicht weil er je etwas falsch gemacht hätte, sondern weil sie ihn dafür verantwortlich gemacht haben. Es wird Zeit, dass wir unsere wahren Gefühle zugeben und Verständnis für Gottes Liebe gewinnen.

Vielleicht müssen wir unserem Ehepartner vergeben, weil er früher einmal etwas falsch gemacht hat. Vergeben heißt aber auch, von jetzt an dem anderen seine Zuwendung erkennen lassen, und zwar so, wie er ist. In der Ehe kann es zu schweren Depressionen kommen, wenn ein Ehepartner meint: „Ich habe doch ein Recht darauf, mich so zu verhalten. Ich muss mich so verhalten, weil der andere …" Wenn wir

146

meinen, wir haben ein Recht darauf, uns belogen, verstimmt oder betrogen zu fühlen, dann sind wir auf dem Weg in die Depression.

Vielleicht sind wir deprimiert, weil wir im Zorn kritisieren und uns weigern, unseren Vorgesetzten zu vergeben. Zugegeben, er hat seine Machtstellung missbraucht. Er hat uns Unrecht getan. Wir müssen aber denen vergeben, denen Gott es in seiner Vorsehung gestattet hat, unsere Vorgesetzten zu sein. Wenn wir uns weigern, dürfen wir nicht überrascht sein, wenn die Depressionen zu unseren bedrückenden Gefährten werden.

Paulus schrieb an die Gemeinde in Rom: „Nehmt die Rache nicht in eure eigenen Hände, meine lieben Freunde; tretet zurück und überlasst Gott die Bestrafung. Denn es steht geschrieben: ‚Mein ist die Rache, ich will vergelten …‘ Wenn deinen Feind hungert, gib ihm zu essen; wenn er durstig ist, gib ihm zu trinken. Lasst euch nicht vom Bösen überwältigen. Geht zum Angriff über – überwindet das Böse mit Gutem! (Röm. 12,19-21 nach d. engl. Übers.). Die Aufhebung der Ungerechtigkeiten, Unerträglichkeiten und Verletzungen dieser Welt ist Gottes Sache. Wir haben uns da herauszuhalten!"

Dagegen lädt er uns ein, sich seinem Werk der Vergebung und Liebe anzuschließen. „Seid freundlich und milde gegeneinander und vergebt einander ebenso, wie ich um Christi willen euch vergeben habe" (Eph. 4,32). Hören Sie auf damit, alles selbst zurechtrücken und in Ordnung bringen zu wollen. Machen Sie sich vielmehr daran, zu vergeben und zu lieben.

Wenn wir unseren Zorn und unsere Überempfindlichkeit gegenüber dem Unrecht aufgeben, haben wir keine Not mehr mit dem Selbstmitleid, und unsere Depressionen werden schwinden.

Luther und Seamands

Sie werden vielleicht überrascht sein, zu hören, dass Martin Luther viel über Depressionen geschrieben hat. Wegen seiner freudlosen Kindheit und einer überstrengen religiösen Erziehung hatte Luther einen ständigen Kampf mit Minderwertigkeitsgefühlen und Depressionen. Er bietet eine Fülle von Lösungen für dieses Problem an, die in wunderbarer Weise heute noch aktuell sind. Ich möchte Sie hier mit einigen seiner Lösungen bekannt machen, denen ich noch eigene hinzufügen möchte und die ich als äußerst hilfreich empfunden habe.

1. Vermeiden Sie es, allein zu sein! Wenn man deprimiert ist, möchte man keinen Menschen um sich haben. Man möchte sich zurückziehen. Aber ein Sich-Zurückziehen bedeutet Isolierung, und Isolierung während einer Depression bedeutet Entfremdung. Zwingen Sie sich dazu, mit anderen zuammenzusein. Das ist eine der wichtigsten Entscheidungen, die Sie während einer Depression treffen können.

2. Suchen Sie Hilfe bei anderen! Während einer Depression ändert sich die Wahrnehmungsfähigkeit. Eine kleine Anhöhe wird zu einem großen Berg. Aber wahre Freunde können uns helfen, die wahre Höhe in unser Blickfeld zu rücken. Man kann sich so wenig aus einer Depression herausziehen, wie man sich aus Flugsand befreien kann, indem man sich am eigenen Schopf herausziehen will. Suchen Sie Menschen und Anlässe auf, die Ihnen Freude bereiten. Hier können Sie ebenfalls eine ganz gezielte Wahl treffen.

3. Singen Sie! Machen Sie und hören Sie Musik! Sie war bei König Saul das einzige Heilmittel für seine gedrückte Gemütsstimmung. Die Harmonie und Schönheit von Davids Musik stärkte den niedergeschlagenen Geist des Königs Saul (1. Sam. 16,14-23).

4. Loben und danken Sie! Darin stimmen alle heiligen Menschen aus allen Jahrhunderten überein. Das war für Brengle der Ausweg. Wenn er Gottes Gegenwart nicht fühlen oder richtig beten konnte, dankte er Gott für das Blatt am Baum oder für eine schöne Vogelschwinge. Er dankte für einfache, alltägliche Dinge. Das Wesentliche, was Paulus Timotheus zu sagen hatte, war: „Gedenke und sei dankbar" (2. Tim. 1). Den Thessalonichern sagte er nicht: „Fühlt euch dankbar in allen Dingen", sondern: „Seid dankbar in allen Dingen" (1. Thess. 5,18).

5. Stützen Sie sich mit aller Macht auf Gottes Wort! Gott kann jeden Abschnitt der Schrift dazu benutzen, um Ihnen in Zeiten der Depression seine Hilfe zukommen zu lassen. In allen Jahrhunderten aber hat seine Gemeinde die Psalmen am segensreichsten empfunden, weil die Psalmisten mit dem gesamten Bereich des depressiven Gefühlslebens am vertrautesten und am offensten dafür sind. Aus den 150 Psalmen können 48 uns in unserer Lage ganz besonders helfen. Ich lege oft folgende Liste vor: Psalmen 6, 13, 18, 23, 25, 27, 31, 32, 34, 37, 38, 39, 40, 42, 43, 46, 51, 55, 57, 62, 63, 69, 71, 73, 77, 84, 86, 90, 91, 94, 95, 103, 104, 107, 110, 116, 118, 121, 123, 124, 130, 138, 139, 141, 143, 146 und 147.

Man empfängt viel, wenn man die Psalmen laut liest. So macht man sich den Psalmisten zum Zeitgenossen, der sowohl seine als auch unsere Gefühle des

Verlassenseins, der Verzweiflung und der Schwermut wie auch seine – und gewiss auch unsere – Zuversicht des Glaubens und der Hoffnung an Gott zum Ausdruck bringt.

6. Ruhen Sie zuversichtlich in der Gegenwart des Geistes Gottes! Die Psalmisten versichern wiederholt, dass sie um das Geheimnis der Errettung aus der Depression wissen. „Harre auf Gott; denn ich will ihm noch danken, dass er mir hilft mit seinem Angesicht" (Ps. 42, 6). Wir dürfen uns der persönlichen Gegenwart Gottes sicher sein.

Jesus hat im Grund das gleiche Verfahren angewandt, als er am Abend vor Golgatha seine tief deprimierten Jünger tröstete. „Ich will den Vater bitten, dass er euch einen Beistand gibt, der immer bei euch ist ... Ich werde euch nicht allein in der Welt lassen ... Ich komme zu euch. Noch eine ganz kleine Weile ..., und ihr werdet mich sehen, weil ich lebe und ihr auch leben sollt" (Joh. 14,16.18-19).

Das Lieblingswort, das Jesus für seine verheißene Gegenwart im Heiligen Geist verwendete, lautet „Paraklet" und bedeutet „Rechtsbeistand". Graben Sie sich die Worte Jesu in Ihren Sinn ein, und zwar so lange, bis Sie in der tiefsten Depression wissen, dass er bei uns ist, ohne Rücksicht auf unsere Gefühle.

Als ihn die Jünger verständnislos anschauten, fuhr er fort: „Versucht ihr, voneinander herauszubekommen, was ich meinte, als ich sagte: ‚Es dauert eine kleine Weile, und ihr werdet mich nicht sehen, und es dauert noch eine kleine Weile, und ihr werdet mich sehen?' Ich sage euch in der Wahrheit, ihr werdet traurig und betrübt sein, während sich die Welt freuen wird. Ja, ihr werdet in tiefe Nöte geraten, aber euer Schmerz wird sich in Freude verkehren ... Jetzt geht ihr durch Schmerzen, aber ich will euch wieder sehen und eure Herzen werden überfroh sein – diese Freude kann euch niemand nehmen –, und an diesem Tag werdet ihr mir keine Fragen stellen" (Joh. 16,19-20,22-23 wörtl.).

12. Geheilte Helfer

*„Denn wir wissen, dass die ganze Schöpfung seufzt
und bis jetzt noch die Wehen der Kindesgeburt erleidet.
Und nicht nur das, sondern auch wir selbst, die wir
die ersten Früchte des Geistes haben, seufzen in uns
und warten auf unsere Annahme als Söhne, auf die
Erlösung unseres Leibes. Und in gleicher Weise hilft
auch der Geist unserer Schwachheit: denn wir wissen
nicht, wie wir beten sollen, wie es sich eigentlich für
uns gehört, sondern der Geist selbst vertritt uns mit
unaussprechlichem Seufzen; und der, der die Herzen
erforscht, weiß, wie der Geist gesinnt ist, weil er nach
dem Willen Gottes für die Heiligen eintritt. Wir wissen
aber, dass denen, die Gott lieben, alle Dinge zum
Guten zusammenwirken, denen, die auf Grund seiner
Absicht berufen sind."*
(Röm. 8,22-23.26-28 wörtl.)

Wir kommen nun zu einem wichtigen Teil des
Heilungsprozesses, vielleicht dem allerwichtigsten,
weil er Gottes heilende Macht in ihrem größten Triumph offenbart, in seiner Fähigkeit, den Menschen
ihre Nöte abzunehmen und sie zu unserem Nutzen
und zu seiner Ehre zu wandeln.

Wir haben uns mit verschiedenen Arten von Gnade befasst. Wir wollen jetzt von dem sprechen, was
ich die umkehrende, recycelte Gnade nennen möchte. Ich besuchte einmal eine Stadt, wo man eine große Recycling-Anlage für Müll in Betrieb hatte. In
dieser Anlage wurde der Müll in nützlichen Brenn-
stoff zur Energieverwendung umgewandelt. In ähn-

licher Weise nimmt Gottes verwandelnde Gnade unsere Schwäche, unsere seelischen Schäden und den Schutt unseres Lebens und verwandelt sie in Gaben, die zu unserem Wachstum dienen, und in Werkzeuge zu seinem Dienst. Es gibt keine Stelle in der Bibel, die tiefere und schönere Aussagen darüber macht als Römer 8,18-28. Dieser Abschnitt lässt sich zwar noch in weiterem Sinn verwenden, aber ich möchte ihn insbesonders darauf anwenden, wie Gott solche Menschen, die andere verletzen, so verwandeln kann, dass aus ihnen geheilte Helfer werden.

Paulus beginnt mit der Tatsache, dass wir in einer gefallenen, unvollkommenen und leidenden Welt leben. Hier mag man einwenden, warum es denn auf dieser Welt so viel Schmerz und Leid geben muss?

Die bedeutsamen Worte in diesem unserem Protest sind „diese Welt", und genau das ist es, was Paulus meint. Wir leiden deshalb, weil es *diese* Welt ist, nicht eine Traumwelt, wie wir sie gerne hätten, eine Utopie, von der wir träumen und in der wir leben möchten. Wir leben in *dieser* Welt nach dem Sündenfall, diesseits von Eden, in der Welt des verlorenen Paradieses, in der die Sünde eingedrungen ist, weil Gottes Kinder diese Wahl getroffen haben. In *dieser* Welt, wo Gottes ursprünglich vollkommener Plan durch das Böse verdorben wurde: verschandelt, verunstaltet, entstellt und in den Dreck gezogen. Paulus meint eigentlich: „Stellt euch der Wirklichkeit! Ihr könnt die Geschichte nicht vor den Sündenfall zurückverlegen, ihr könnt nicht in einer Traumwelt leben." Dann sagt er weiter, dass diese ganze Welt, die gesamte Schöpfung fehlerhaft, sündhaft ist, bis hin zum Menschen. Die ganze Welt leidet, sie hofft auf eine Neuwerdung, eine letztendliche Erlösung der Natur und der Menschheit, in der alles in Ordnung gebracht ist.

Gott ist nicht auf unsere Sünden, unsere Schwächen, unser Versagen und auf unsere Fehler angewiesen, um seine Pläne und seinen Willen in dieser Welt durchzuführen. Aber in dieser gefallenen Welt sind das so ziemlich die einzigen Materialien, durch die er seinen Willen kundtun kann. Wenn wir allen menschlichen Schäden und Nöten nachgehen könnten, würden wir herausfinden, dass sie letzten Endes auf Sünden zurückgehen, die vielleicht schon mehrere Generationen zurückliegen. Wenn wir eine Not weit genug verfolgen könnten, dann würden wir erkennen, dass menschliche Schwachheiten und geschädigtes Seelenleben durch unvollkommene Gene, unvollkommene Elternschaft und unvollkommene Handlungen weitergereicht wurden. Es kommt oft vor, wenn mir jemand sein Leid klagt, das ihm durch einen anderen Menschen zugefügt wurde, dass er am Ende sagt: „Eigentlich muss ich mit dem anderen Mitleid haben, wenn ich sehe, aus welcher Familie er kommt." Ich freue mich immer, wenn ich so etwas höre, denn ich weiß, dass auf Mitleid Annahme folgt und dass aus Annahme Liebe erwachsen kann.

Der Rechtsbeistand hier

Paulus wendet diese tief greifende Theologie auf einen ganz praktischen Bereich an, nämlich dort, wo wir mit unserem beschädigten Seelenleben und mit unseren Verklemmungen leben. „Der Heilige Geist hilft unserer Schwachheit auf" (Röm. 8,28). Gott sei Dank! Er lässt uns nicht allein, wir sind nicht unseren armseligen Hilfsmitteln überlassen, uns mit ihnen irgendwie durch den ganzen Schlammassel hindurchzukämpfen, dass wir ein Leben voller Niederlagen führen. Nein, denn unser verwundeter Heiland, unser Hoherpriester Jesus Christus „kann mit unseren Schwachheiten mitfühlen". Jesus, der Sohn Gottes, ist uns Menschen gleich geworden, als er der Menschensohn wurde. Er kennt nicht nur unsere Schwächen, sondern auch unsere Gefühle. Er versteht den Schmerz des Abgewiesenwerdens, die Angst der Trennung, den Schrecken der Einsamkeit und des Verlassenseins, die dunklen Wolken der Depression. Er ist unser verwundeter Heiland, der „um unserer Übertretungen willen verwundet" ist, der „unsere Ungerechtigkeiten und Schwächen trug".

Als er sich anschickte, diese Welt zu verlassen, versprach er, dass er seine Freunde nicht allein lassen werde. Er wird zu ihnen kommen, indem er ihnen den Tröster, den Parakleten sendet (vergl. Joh. 14, 16-18). Para heißt „bei" und „kaleo" heißt „rufen". „Ich werde euch einen senden, den ihr anrufen könnt und der euch in euren Schwachheiten zur Seite steht und euch hilft." Wir müssen uns einmal das griechische Wort für „helfen" ansehen, das hier gebraucht wird. Es setzt sich aus drei Worten zusammen: *syn* = zusammen; *anti* = gegen, auf der entgegengesetzten Seite, gegenüber; *lambanomai* = nehmen, ergreifen. Wenn man diese drei zusammensetzt, dann bedeutet *synantilam-banomai* = zusammen mit uns auf der anderen Seite Fuß fassen.

Haben Sie sich schon jemals über ein griechisches Wort aufgeregt? Das sollten Sie eigentlich, wenn Sie an dieses Wort denken! „Ich werde euch einen Parakleten senden, der als Rechtsbeistand kommt, wenn ihr ruft, der mit euch zusammen auf der anderen Seite Fuß fassen wird."

Es ist hilfreich für uns, wenn wir die Form des Wortes genau analysieren. Sie steht im Indikativ und drückt damit eine Tatsache aus. Sie steht im so genannten Medium und zeigt an, dass der Heilige Geist der Handelnde ist. Sie steht im Präsens – in der Gegenwart –, das von einer gewohnheitsmäßigen, beständigen Handlung spricht. Er ist immer da! Hier haben wir eines der großartigen Werke des tröstenden, beratenden Parakleten – er steht stets zu unserer Verfügung, damit wir einen Halt haben gegenüber der uns beeinträchtigenden Schwachheit, gegenüber unserem geschädigten Gefühlsleben, gegenüber unserer schmerzlichen Verklemmung. Er lässt uns nicht im Stich, weil wir geschädigt oder in unserem Leistungsvermögen unvollkommen sind. Er ist das genaue Gegenteil der falschen Vorstellung von der Karikatur eines Gottes, wie ihn sich der Vollkommenheitsfanatiker vorstellt, der ihm beständig zuflüstert: „Los jetzt! Reiß dich zusammen! Das geht doch noch besser! Leg noch zu, und dann will ich dich lieben!" Der Paraklet ist der Gott, der versteht, der sieht, dass wir eine Last tragen, die uns zu schwer ist, der merkt, dass wir es von uns aus nicht schaffen, der uns zur Hilfe kommt und die schwere Last aufhebt, die uns so schmerzt, und der uns in die Lage versetzt, die uns so hinderliche Schwachheit zu tragen. Welch ein schönes Bild!

Diese Form findet sich sonst nur noch einmal im Neuen Testament, und zwar in Luk. 10,40. Maria saß zu den Füßen Jesu und freute sich an seiner Liebe und an seiner Lehre. Martha hetzte in der Küche hin und her und tat alle Arbeit alleine. So langsam stieg in ihr der Zorn hoch, und sie wurde mit jeder Minute wütender. Schließlich stürmte sie zum Vordereingang, wo Jesus und Maria saßen, und legte los: „Jesus, sprich doch bitte zu Maria und sage ihr, sie solle hereinkommen und mir *synantilambanesthai!* – helfen! Ich kann nicht alles allein tun." Das veranschaulicht, was in diesem Wort liegt: der Heilige Geist hilft uns, er fasst mit an.

Hier ist die gute Nachricht, das Evangelium für Menschen mit einem angeschlagenen Seelenleben:

1. Gott liebt uns, nicht weil wir gut sind, sondern weil wir seine Liebe brauchen, um gut zu sein.

2. Christus, das Lamm Gottes und unser Hoherpriester, trug unsere Sünden und unsere Schwachheiten, nicht weil wir gut sind, sondern weil wir seine Liebe und das Angenommensein bei ihm brauchen, um gut zu sein.

3. Der Heilige Geist bietet uns seine ständige helfende Gegenwart und Macht an, nicht weil wir gut sind, sondern weil wir ihn brauchen, um gut zu sein. Welch eine froh machende Botschaft!

Hier haben wir die volle dreieinige Versorgung mit der Gnade Gottes. Wir haben die bedingungslose Liebe des Vaters, die uns so annimmt, wie wir sind; wir haben das völlige Sich-Gleichstellen des Sohnes mit uns, der uns als unser Hoherpriester und unser verwundeter Heiland in unseren Sünden und Schwachheiten zur Seite steht, und wir haben die tägliche, liebevolle, aufrichtende Hilfe des Heiligen Geistes.

Wie hilft uns nun der Heilige Geist in den Schwachheiten, die uns so beeinträchtigen? „Denn wir wissen nicht, wie wir eigentlich beten sollen, sondern der Heilige Geist tritt für uns ein" (Röm. 8,26).

Nur der Heilige Geist kennt vollkommen Gottes

Sinn. Und nur der Heilige Geist versteht uns wirklich. Weil er unser Inneres versteht und weil er das Innere des Herzens Gottes kennt, weiß er, wie man beide zusammenbringen kann. Deshalb vertritt uns der Heilige Geist mit unaussprechlichem Seufzen. Er vertritt uns in der Übereinstimmung mit dem Willen Gottes.

„Der, der die Herzen erforscht, weiß, was der Sinn des Geistes ist" (Vers 27). Wenn man hier einmal das Wort „Herzen" mit „Unterbewusstsein" übersetzt, versteht man meiner Meinung nach das, was Paulus sagt. In diesem tief innen liegenden Ich – es ist der große Vorratsraum unserer Erinnerungen, in dem unsere Schmerzen und Wunden zu tief begraben liegen, als dass für sie ein normales Gebet ausreicht –, eben dort findet die Heilung für unser Gefühlsleben durch die Wirksamkeit des Heiligen Geistes statt. Da reinigt die lindernde Salbe Gileads alte Wunden, da bringt sie Vergebung, da bringt sie den Schaden wieder in Ordnung, da gießt sie die Liebe Gottes hinein und bringt Heilung. Der Paraklet steht uns nicht nur zur Seite, sondern er kommt in uns hinein. Und das Allerbeste kommt noch! Allzu oft zitieren wir Römer 8,28, ohne den Zusammenhang zu beachten. Es geht hier um den letzten Schritt auf dem Weg des Zurechtgebrachtwerdens: „Und wir wissen, dass Gott alle Dinge zum Guten für diejenigen zusammenwirken lässt, die Gott lieben."

Die bekannte Übersetzung: Alle Dinge dienen zum Besten, kann irreführend sein, denn leider tun sie das nicht. Vielmehr wirken sie oftmals gegen uns. Aber Gott wirkt in und durch sie und fügt die Umstände so, dass es für uns zum Besten ist. Das ist etwas anderes, denn es verlagert das Gewicht von einem schweren Schicksal zu einem liebenden Vater!

Es nimmt die Betonung weg von den Dingen und den zufälligen Umständen hin auf Gott, einer liebenden und planvoll handelnden Person. Dass Gott alle Dinge zum Besten dienen lässt, ist das Größte an dem ganzen Heilungsprozess; dass er schmerzliche Einblicke in hilfreiche Auswirkungen verwandeln kann, ist das größte aller Wunder.

Ganze Heilung ist mehr als das Lindern von schmerzlichen Erinnerungen, es ist mehr als Vergeben und Vergebenlassen von schädlichen Zorneswallungen, es ist sogar mehr als die Umstimmung unseres Sinnes. Die Heilung ist das Wunder von Gottes wiederherstellender Gnade, wobei er alles auf sich nimmt und Gutes wachsen lässt, wo er im Vollsinn unsere Verklemmungen so wandelt, dass aus ihnen Gesundes und Nützliches wird.

Das heißt nicht, dass die schädlichen Dinge, die wir beschrieben haben, aus Gottes Ratschluss für unser Leben hervorgegangen sind. Gott ist nicht der Urheber aller Geschehnisse, aber er ist ihr Meister. Das bedeutet, dass Gott alles in unserem Leben, was uns je widerfahren ist, zu unserem Besten verwenden kann und will, wenn wir ihm unseren Willen ausliefern und ihn wirken lassen. Das Böse ist immer noch böse, tragisch, sinnlos und vielleicht ungerecht und widersinnig. Aber Gott kann sein Gewicht für unser ganzes Leben ändern. Er kann es so fügen, dass es alles im Bereich seines erlösenden und wiederherstellenden Handelns liegt. Er ist der Webmeister, der jeden Schaden, jede Not, jede Behinderung und jede Schwachheit nehmen und so in seinen Plan hineinweben kann, dass es zum Segen wird – und das sogar, wenn die Fäden dieser Dinge von bösen, dummen und törichten Händen gesponnen wurden!

Wenn wir mit dem Heiligen Geist in diesem Prozess des tief greifenden Betens und der inneren Heilung zusammenarbeiten, wird Gott uns nicht nur neu schaffen und ändern, dann wird er nicht nur das Muster neu weben, sondern er wird auch daraus etwas gestalten, mit dem wir anderen dienen können. Dann werden wir staunend bekennen: „Der Herr hat es getan, und es ist ein Wunder vor unseren Augen!"

Der Rechtsbeistand dort

Zu viele von uns glauben, dass wir nur aus der Stärke heraus dem Herrn dienen können, dass wir nur dann Gott die meiste Ehre bringen, wenn wir Siege haben und anderen Leuten mit unserem Starksein imponieren können. Aber Paulus sagt, dass es nur zwei Dinge gibt, deren wir uns rühmen können. Das erste ist das Kreuz Christi (Gal. 6,14), der niedrigste Ort der Schwachheit in der Geschichte, das letzte Wort der Ungerechtigkeit. Das aber hat Gott in die Rettung der ganzen Welt verwandelt. Das andere, dessen wir uns rühmen können, sind unsere Schwachheiten (2. Kor. 12,9-10). Wieso das? Weil Gottes Kraft in den Schwachen mächtig ist. Als Christen sind wir dazu berufen, geheilte Helfer zu werden, die sich nicht aus eigener Kraft heraus einsetzen, sondern aus der Schwachheit.

Wenn Menschen zu mir in die Seelsorge kommen mit ihren tiefen Problemen und Schwierigkeiten, bin ich versucht, ihnen zu imponieren, als der weise Seelsorger dazustehen, mich aus der Kraft heraus einzusetzen und gute Ratschläge zu erteilen. Aber dann flüstert mir der Heilige Geist zu: „David, stell dich mit diesem Menschen auf die gleiche Stufe! Das ist kein Klient und auch kein Fall, *(ich hasse diesen Ausdruck!);* das ist ein Mensch mit seinen Nöten. Lass ihn an deinen Schwachheiten, an deinem geschädigten Seelenleben und an deinen Spannungen teilnehmen! Lass ihn daran teilnehmen, wie der Heilige Geist dir in deinen Schwachheiten geholfen hat!" Oft sträube ich mich innerlich. Aber dann gebe ich meist noch rechtzeitig seinem sanften Drängen nach und befolge seine Anweisungen. Und jedes Mal, wenn ich das tue, wird mir die Verheißung aus 2. Kor. 12,9-10 lebendig, Gott erhält dann Gelegenheit, seine Macht zu erweisen. Seine Kraft kann sich dann in den Schwachen mächtig erweisen.

Immer wieder habe ich so Anteil an einer tief greifenden Heilung, bei der Gott den Schaden, die Schmerzen und die Schwachheiten umgestaltet, dass sie zum Besten dienen und er sie zu seinem Ruhm gebraucht.

Was ich am eigenen Leibe erlebt habe, habe ich schon bei vielen anderen miterlebt. Ich bin überzeugt, dass das auch in Ihrem Leben so sein kann!

In unserer Reihe „Ratgeber-Taschenbuch" liegt außerdem vor:

David Stoop
Der Perfektionist in mir
Mut zu einem zufriedeneren Leben
Bestell-Nr. 330 568
ISBN 3-86122-568-9
176 Seiten, Taschenbuch

„Bei allem, was sich wirklich zu tun lohnt, lohnt es sich, Fehler zu machen." (G. K. Chesterton)

Sollte Ihnen dieser Satz gegen den Strich gehen, lesen Sie dieses Buch! Denn nicht nur der perfekte Perfektionist leidet unter seinen eigenen Idealvorstellungen vom Leben. Unbewusst verspüren viele Menschen einen imaginären Druck unerfüllbarer Normen, die vom leichten Tick bis zum fatalistischen „entweder – oder" reicht.

  Doch die Jagd nach der Taube auf dem Dach endet bestenfalls im Nichts. Und vielleicht hat der Spatz in der Hand ja ungeahnte Qualitäten ...

FRANCKE
Verlag der Francke-Buchhandlung GmbH

Der Klassiker der christlichen
Seelsorge-Literatur fasst in
einmaliger Dichte die
Voraussetzungen für das
Wachstum einer gesunden
Persönlichkeit zusammen.

Im Mittelpunkt: Die Macht
fehlgeleiteter Gefühle und
Erinnerungen, mit denen
sich auch ein Christ noch
auseinandersetzen muss.

Gott oder Satan, Außen-
oder Innenwelt: Seamands
beschreibt die vier Quellen,
aus denen sich unser Be-
wusstsein speist.

Welcher Strömung wir uns
öffnen – diese wichtigste
Entscheidung unseres
Lebens müssen wir selbst
treffen. Wie das geschieht –
dazu gibt der Autor aus
seinem reichen Erfahrungs-
schatz entscheidende
Hilfen.

FRANCKE
Ratgeber
Taschenbuch

Bestell-Nr. 330 569

ISBN 3-86122-569-7

9 783861 225690